Poupando e Investindo em Renda Fixa

Uma Abordagem Baseada em Dados

Marcelo Scherer Perlin (marcelo.perlin@ufrgs.com)

Poupando e Investindo em Renda Fixa
Uma Abordagem Baseada em Dados - Edição Revisada 2022

por **Marcelo Scherer Perlin**

© 2022 Marcelo S. Perlin. Todos os Direitos Reservados.

Revisão do texto:	Paulo N. Cichelero
	www.revisaodetextoja.com.br/
Criação da capa:	Rubens Lima
	capista.com.br/
Ilustração da capa:	Dooder-www.freepik.com/
Editora:	Publicação Independente
ISBN (capa comum):	978-85-922435-9-3
ISBN (capa dura):	979-84-443033-4-4
ISBN (ebook):	978-85-922435-8-6

Histórico de edições:
Primeira edição: 15/05/2019
Primeira edição revisada   15/04/2022

Embora o autor tenha exercido esforços de boa fé para garantir que as instruções contidas neste trabalho sejam precisas, ele se exime de toda responsabilidade por erros ou omissões, incluindo, sem limitação, a responsabilidade por danos financeiros resultantes do uso ou da confiança neste trabalho e em seus resultados. O uso das informações contidas neste trabalho é por conta e risco do leitor.

Sumário

Sobre Revisão   7

Prefácio   9

Agradecimentos   13

Glossário   15

1 Poupança e Investimentos   19
- 1.1 O Que É Investir? 21
- 1.2 Por que Investir? 22
- 1.3 O Efeito dos Juros Compostos 26
- 1.4 Tempo, Aporte e Retorno 29
- 1.5 A Riqueza e os Investimentos 32
- 1.6 Investindo com Qualidade de Vida 34
- 1.7 Conhecimento e Investimentos 36
- 1.8 Considerações Finais 37

2 O Mercado Financeiro Brasileiro   39
- 2.1 Contratos Financeiros 39
- 2.2 Tipos de Mercados Financeiros 41
- 2.3 Entendendo o Mercado de Renda Fixa 42
  - 2.3.1 A Estrutura de uma Dívida 42

2.3.2 O Retorno 46
2.3.3 A Taxa Selic 49
2.3.4 A Taxa CDI 51
2.4 Impostos e Custos de Operação 53
2.4.1 O Efeito do Diferimento do Imposto 54
2.5 Riscos na Renda Fixa 56
2.5.1 Risco de Calote 56
2.5.2 Risco de Liquidez 57
2.5.3 Risco de Mercado 58

3 Produtos Bancários   61
3.1 Caderneta de Poupança 62
   3.1.1 Desempenho da Poupança 64
3.2 Títulos de Capitalização 65
3.3 CDBs 66
   3.3.1 A Performance dos CDBs 72
3.4 LCAs e LCIs 74
   3.4.1 A Performance das LCAs/LCIs 76
3.5 Planos de Previdência 78
3.6 Avaliando Riscos nos Produtos Bancários 80
3.7 O FGC (Fundo Garantidor de Crédito) 84
   3.7.1 As Regras do FGC 85
   3.7.2 O Lastro Financeiro do FGC 86
   3.7.3 Histórico de Garantias Pagas pelo FGC 87
3.8 Considerações Finais 87

4 Tesouro Direto   89
4.1 Tipos de Títulos Públicos 90
   4.1.1 Tesouro Prefixado 93
   4.1.2 Tesouro Prefixado com Juros Semestrais 98
   4.1.3 Tesouro IPCA+ 100
   4.1.4 Tesouro IPCA+ com Juros Semestrais 102
   4.1.5 Tesouro Selic 103
4.2 Custos e Impostos para o Tesouro Direto 107
4.3 A Liquidez do Tesouro Direto 108
4.4 A Marcação a Mercado e seus Efeitos 109

SUMÁRIO

4.5 Especulação no Tesouro Direto 114
4.6 O Risco de Calote 116
4.7 A Performance do Tesouro Direto 118
4.8 Considerações Finais 120

5 Fundos de Renda Fixa — 121
5.1 Custos e Tributação 122
5.2 O Desempenho dos Fundos de Renda Fixa 124
5.3 Considerações Finais 128

6 Debêntures — 129
6.1 Estrutura de uma Debênture 130
6.2 Avaliando uma Debênture 132
    6.2.1 O Contrato da Debênture 133
    6.2.2 Analisando a Empresa 134
    6.2.3 Analisando os Demonstrativos Financeiros . . . 136
6.3 O Caso da AES Tietê Energia 138
6.4 Considerações Finais 141

7 A Prática de Investir — 143
7.1 Salário e Investimento 143
7.2 A Corretora 145
    7.2.1 Escolhendo a Corretora 145
7.3 Declaração e Pagamento de Impostos 148
7.4 A Reserva de Emergência 149
7.5 Montando a sua Carteira 150
    7.5.1 Plano Financeiro e Aporte 151

Palavras Finais — 157

SUMÁRIO

Sobre Revisão

Desde o lançamento da primeira edição do livro em 2019, muita coisa aconteceu no mundo e no mercado financeiro. A pandemia global de 2020, um dos principais eventos das últimas décadas, mudou a forma como trabalhamos e nos relacionamos. Como esperado, o mercado financeiro entrou em modo "desespero" e vimos um alto nível de volatilidade no mercado de renda fixa, tema principal deste livro.

Evitando uma defasagem das informações aqui contidas, esta revisão sincroniza todos os dados e cálculos utilizados no livro até a data de 31/12/2021, incluindo os resultados de figuras e tabelas. Além disso, pequenas mudanças no texto também foram realizadas, tornando o conteúdo mais fluido e fácil de ler.

Pessoalmente, fiquei contente em ver que, apesar do indiscutível impacto da pandemia, as conclusões tiradas dos cálculos realizados no livro são exatamente as mesmas, mostrando assim a perenidade das informações aqui destacadas.

Boa leitura.

Marcelo S. Perlin

SUMÁRIO

Prefácio

Uma recente matéria do jornal *Valor Econômico*[1] mostrou que apenas 51% da população economicamente ativa do Brasil pretende fazer algum tipo de investimento. Destes, 68,2% irão investir na caderneta de poupança, um dos instrumentos menos atrativos que existem no mercado.

Uma população que não poupa e não sabe investir está predestinada a continuar presa no ciclo vicioso da dependência financeira – mais gastos, mais trabalho e menos tempo. A falta de intimidade da população com a organização de um orçamento doméstico e com a aplicação do dinheiro de forma eficiente é certamente um dos problemas estruturais da economia brasileira.

Sou professor universitário e investidor de longa data. Em 2019, desafiei-me como acadêmico a preparar um material com apelo popular e aproximar a minha intimidade em programação e análise de dados com o público em geral. Tanto em sala de aula quanto fora dela, dúvidas a respeito de investimentos são frequentes. Fico constantemente impressionado com a variedade e quantidade de questões sobre o assunto. Desinformações, desco-

---

[1] https://www.valor.com.br/financas/5687769/metade-da-populacao-tem-intencao-de-investir-mostra-anbima

nhecimento e erros de análise são comuns. Como se não bastasse a falta de estudos, o brasileiro é alvo fácil de golpes financeiros e esquemas ilícitos que só enriquecem os poucos idealizadores à custa de muitos, atraídos pela promessa de riqueza instantânea.

O objetivo desta obra é ambicioso: atacar de frente a deficiência na educação financeira do brasileiro. Com este livro vou buscar formalizar bases sólidas que irão guiar a tomada de decisões mais inteligentes. O grande diferencial do trabalho proposto aqui é o **uso frequente de dados reais do mercado** para entender e comparar as diferentes alternativas de investimento no mercado de renda fixa. Utilizarei a análise objetiva de dados para mostrar os meus argumentos referentes à forma de investir. Não irei pedir que você simplesmente *confie em mim*, mas que confie no método científico e nas evidências obtidas junto aos dados históricos.

A obra está focada no mercado de renda fixa, pois este deve ser o primeiro passo do investidor. Um erro muito comum é iniciar no lado avançado, com a compra de ações de empresas no mercado de renda variável. O risco é a pessoa decepcionar-se, por sofrer prejuízo no curto prazo, e nunca mais voltar ao mercado financeiro, abrindo mão de participar do melhor sistema já construído para potencializar a sua independência financeira e tranquilidade futura. Assim, é na renda fixa que o investidor deve começar seus estudos, montando de forma autônoma a sua primeira carteira de investimentos. A experiência na renda fixa resultará em uma base sólida para o ingresso na renda variável, caso o investidor assim desejar.

No primeiro capítulo, o leitor irá aprender uma forma de investir focada no longo prazo e na resiliência. São ideias simples, mas poderosas que irão guiar uma política de investimentos sustentável, com foco na qualidade de vida do investidor. Em seguida, no segundo capítulo, estudaremos a estrutura do mercado financeiro brasileiro, conhecimentos básicos relativos ao mercado de renda fixa que todos os investidores deveriam saber.

A partir disso entraremos nos instrumentos da renda fixa, percorrendo **Produtos Bancários, Tesouro Direto, Fundos de Investimento** e **Debêntures**. Cada um dos capítulos irá usar e abusar da análise de dados para conhecer melhor cada produto e sua atratividade ao investidor. Por fim, no capítulo **A Prática de Investir**, usaremos o conhecimento adquirido nos capítulos anteriores para iniciar e montar uma carteira de investimentos.

Como em toda obra focada na análise de dados, a reprodução dos resultados deve ser fácil e de acesso público. Todos os cálculos e figuras apresentados neste livro são reproduzíveis no seu próprio computador. Usei dados abertos e públicos do sistema de séries temporais do Banco Central do Brasil, Tesouro Nacional e Portal de Dados Abertos. Os gráficos são criados em uma plataforma de programação chamada R. Todo o código utilizado neste livro está disponível na internet.[2]

Antes de começar a ler a obra, uma consideração importante. Todo o material do livro é de caráter opinativo e pessoal do autor. Nenhum dos capítulos, isoladamente ou em conjunto, oferece indicação de compra ou venda dos títulos públicos, produtos bancários ou qualquer outro tipo de investimento. Lembre-se também que performance passada não é garantia de performance futura. Analise os resultados históricos, estude as características das alternativas de investimento e tire as suas próprias conclusões.

Boa leitura.

Marcelo S. Perlin

---

[2] https://www.msperlin.com/blog/publication/2019_book-pirf/.

Agradecimentos

Um livro raramente é o resultado exclusivo do trabalho individual de uma pessoa. Como autor, fui apenas o meio que produziu o texto e o código. O produto final resulta da colaboração de muita gente, pessoas que tornaram este projeto viável e real.

Primeiro, gostaria de agradecer à minha instituição de origem, Universidade Federal do Rio Grande do Sul e Escola de Administração. Sem a devida autonomia do meu cargo de professor, certamente não conseguiria escrever esta obra de cunho mais popular e tão distante do meu trabalho como pesquisador acadêmico. A carga de trabalho na escrita de um livro é pesada, colocando em marcha baixa todos os demais projetos com os quais me comprometi.

Tive a sorte de conhecer a comunidade *bastter.com* e o seu desenvolvimento de uma filosofia de investimento de longo prazo voltado à pessoa física. Certamente fui impactado pelas ideias e minha escrita reflete princípios dessa comunidade. Registro aqui meu agradecimento pessoal a comunidade e seus gestores pelo importante trabalho na educação financeira do brasileiro.

Aproveito para agradecer também o apoio técnico dos envolvidos no projeto. Tive a sorte de descobrir cedo que sou péssimo com artes gráficas e por isso deixo explícita minha gratidão àqueles que ajudaram a tornar este projeto realidade. Agradeço a Rubens Lima[3] pela produção da capa, Nara Scherer[4] pela confecção dos elementos gráficos e Paulo Cichelero[5] na revisão do texto.

---

[3]https://capista.com.br/
[4]scherernara@gmail.com
[5]https://www.revisaodetextoja.com.br/

Glossário

Aporte Valor destinado ao investimento periódico e frequente no mercado financeiro. Geralmente é proveniente de uma atividade assalariada.
BCB Banco Central do Brasil. Órgao governamental de caráter executivo cuja principal missão é a estabilidade financeira do sistema econômico Brasileiro.
CDB Certificado de depósito bancário. Produto financeiro oferecido por bancos. É um típico contrato de dívida com diferentes estruturas de pagamento.
CDI Certificado de depósito interbancário. Taxa de juros usada em operações de crédito entre bancos. O CDI é muito utilizado como indexador da remuneração de títulos de dívida bancária.
CMN Conselho monetário nacional. Órgão máximo e de caráter normativo do sistema financeiro nacional.
Cupons Pagamentos intermediários recebidos pelo comprador de um título de dívida. Exemplo: uma dívida que vence em dois anos paga semestralmente um cupom no valor de R$ 50 para o comprador do título.
Debêntures Títulos de dívida privada geralmente emitidos por empresas negociadas em bolsa.
FGC Fundo garantidor de crédito. Associação cujo objetivo prin-

cipal é dar lastro ao crédito vendido pelos bancos.

IPCA Índice de Preços ao Consumidor Amplo. Representa um índice de inflação composto por diferentes produtos do nosso cotidiano. É comumente utilizada pelo mercado financeiro para indexar retornos de contratos de dívida. O percentual de inflação é calculado pela variação do IPCA em determinado período de tempo. Por exemplo, se o valor do IPCA estava equivalente a 1000 pontos no início do ano 2018 e terminou em 1050 pontos no final do ano, a inflação do período foi de exatamente 5% ao ano.

Inflação Aumento sistemático dos preços de produtos de consumo no mercado consumidor. A inflação faz com que o dinheiro não investido perca poder de compra ao longo do tempo. Também possui poder degenerativo sobre o retorno de um investidor de dívidas prefixadas.

IOF Imposto sobre operações financeiras, cobrado sobre operações de compra e venda no curtíssimo prazo, menos de um mês.

IR Imposto de renda sobre ganho de capital, cobrado quando a venda do contrato financeiro.

LCA Letras de crédito agropecuário. Produto financeiro oferecido pelos bancos e incentivado pelo governo. É semelhante a um CDB, porém com isenção de imposto de renda.

LCI Letras de crédito imobiliário. De forma semelhante a um LCA, é um tipo de contrato incentivado pelo governo e também possui isenção do imposto de renda sobre o ganho de capital.

Liquidez Facilidade de transformar um contrato financeiro em dinheiro. Para o investidor, quanto maior a liquidez, melhor. Por exemplo, a caderneta de poupança possui alta liquidez pois é possível transformar seu saldo em dinheiro de forma fácil e acessível. Isso é diferente de um CDB tradicional, onde o dinheiro deve ficar aplicado até o vencimento.

Renda fixa Mercado financeiro referente a compra e venda de contratos de dívida. Nesse, o comprador do contrato empresta dinheiro para o emissor da dívida.

Renda variável Mercado financeiro referente a compra e venda de contratos financeiros onde o retorno é dependente de uma atividade empresarial. Um exemplo muito comum na renda variável é a compra e venda de ações (participações) em empresas. Em resumo, o comprador da ação terá direito a participação nos lucros futuros da empresa.

Retorno nominal Retorno bruto dos investimentos, sem o desconto da inflação e custos de operação.

Retorno real Retorno acima da inflação e após o pagamento de custos operacionais. Representa o ganho de poder de compra por parte do investidor.

Reserva de emergência Dinheiro guardado em produto financeiro líquido, tal como caderneta de poupança. Sua finalidade é dar segurança e uma *gordura* financeira para o investidor, de forma a preservar os investimentos de longo prazo. Caso necessário, o investidor saca capital da reserva de emergência e não dos seus investimentos.

Selic Taxa básica de juros da economia. Define o juro que bancos comerciais pagam ao pegar emprestado com o BCB (Banco Central do Brasil).

Tesouro Direto Plataforma de negociação direcionada para a pessoa física onde é possível a compra e venda de títulos da dívida pública federal.

TR Taxa de referência. Indexador da remuneração de caderneta de poupança e outros produtos. É uma herança da época de hiperinflação. Atualmente o valor da TR é muito próximo de zero e negligenciável.

SUMÁRIO

Capítulo 1

Poupança e Investimentos

Se você algum dia teve a impressão de que investir é difícil, inacessível e exige muitas horas do dia, saiba que está completamente equivocado. A tradicional mídia apresenta uma imagem do investidor como um *cientista da NASA cafeinado*, que vive na frente do computador com quatro telas maiores que seu próprio corpo, olhos sofridos devido ao forte contraste dos inúmeros gráficos à sua frente, falando um linguajar estranho e inacessível à pessoa comum.

A realidade, porém, é bastante diferente. Investir é fácil, pode ser feito com pouco dinheiro e é mais repetitivo e entediante que formatar um documento nas normas da ABNT[1]. O mito do investidor criado pela mídia afasta a grande maioria da população daquilo que deveria ser ensinado nas escolas: orçamento doméstico, poupança e investimento.

A falta de autonomia nas decisões financeiras de grande parcela

---

[1] A ABNT é uma instituição que regula normas estritas para a formatação de documentos acadêmicos. Caso esta seja sua primeira vez ouvindo falar sobre a ABNT, fique contente.

da população alimenta uma gigantesca indústria. Não surpreende o fato de que a mídia e os agentes do mercado financeiro vendam a ideia de que investir é uma tarefa difícil. O número de clientes que eles atendem depende diretamente dessa imagem de complexidade. Se fosse fácil, ninguém precisaria ou pagaria por conselhos. Não os julgue moralmente por isso, estão simplesmente fazendo e defendendo o seu trabalho. É papel de cada pessoa entender estes incentivos e buscar mais autonomia.

Está devidamente comprovado que muitos querem ganhar dinheiro com investimentos, mas poucos querem estudar o mercado financeiro e aprender a investir de forma autônoma. A delegação das escolhas (e erros) de investimentos torna-se uma opção confortável. Tudo, porém, tem um preço. Saiba que existe um grande conflito entre os interesses do investidor e os dos usuais conselheiros. Muitos agentes financeiros ganham dinheiro simplesmente pela movimentação financeira do cliente. É secundário o fato de o patrimônio do cliente ter crescido ou não nestas operações. Lembre-se disso da próxima vez que seu banco ou corretora lhe ligar e oferecer uma oportunidade *imperdível* e *especial para você*.

Nesta abundância de desinformações e incentivos perversos da indústria, a necessidade de estudo é clara. Investir de forma autônoma e saudável exige conhecimento técnico sobre o mercado financeiro e sobre a sua própria pessoa. **A maior vantagem do investidor pessoa física é a sua perenidade**, o foco que tem em manter seus aportes frequentes e investimentos no longo prazo. O mercado financeiro premia imensamente estas qualidades. Sem dúvida, um investidor extremamente inteligente e com conhecimento sobre mercado financeiro, mas sem controle emocional, terá um desempenho muito pior que o de um investidor que segue o seu plano conservador de investimento mensal e frequente.

O primeiro passo para o investidor iniciante é, portanto, absorver conceitos básicos que irão guiar uma política de investimento saudável e resiliente. Neste capítulo buscarei criar uma fundação sólida, apresentando as razões pelas quais você deve investir parte do seu salário de forma constante e recorrente, com foco no longo prazo.

Pode parecer estranho, mas certamente **este é o capítulo mais difícil e mais importante do livro**. Conhecer o funcionamento do mercado financeiro e as particularidades de cada tipo de investimento é fácil. Com tempo, estudo e experiência, é possível entender toda a dinâmica de como os contratos financeiros funcionam. Porém, o foco não deve ser unicamente ganhar mais dinheiro, mas sim ter mais tranquilidade e consequente felicidade. Um abastado investidor que vive ansioso e emotivo com os altos e baixos do mercado financeiro, perdendo horas e horas do dia analisando investimentos, está em situação pior que aquele pequeno investidor que segue seu plano de aportes mensais e dorme tranquilo à noite. **A qualidade mais importante de um investidor é incorporar uma filosofia pessoal de poupança e investimento, com o foco correto em qualidade de vida.** Neste capítulo vou tentar explicar alguns conceitos básicos delimitadores deste pensamento.

1.1 O Que É Investir?

Investir é nada mais que adquirir produtos financeiros que façam **o seu dinheiro trabalhar por você**. Em termos técnicos, é a compra de contratos financeiros de troca de fluxos de caixa. Isto é, paga-se dinheiro hoje para receber dinheiro em data futura.

Por exemplo, em um dos produtos mais simples da renda fixa, paga-se R$ 90 hoje para receber 100 daqui a um ano. O retorno do investidor é definido pela diferença entre o preço de compra e o preço de resgate. No exemplo dado, o retorno foi de R$ 10 a uma taxa de 11,11% ao ano (R$ 10 ganho sobre um total de R$ 90 investido).

O ato de investir consiste em realizar esta operação muitas e muitas vezes ao longo de um vasto período. Na prática, investir é o oposto de consumir. Em vez de gastar o dinheiro na troca por algum produto ou serviço, aplica-se o mesmo para o futuro. **É o lado benéfico dos juros: ao invés de pagá-lo, você o recebe.**

Outra forma intuitiva de entender o que é investimento é interpretá-lo como um aumento do seu salário. Observe que a renda extra dos investimentos complementa os recursos que você já recebe na sua profissão. A grande diferença é que investir não exige esforço algum, com exceção de alguns minutos para escolher onde colocar o dinheiro. Na prática, realizar a administração de um patrimônio de 10 mil reais dá o mesmo trabalho que administrar 10 milhões!

Por isso, muitas vezes faz-se a diferenciação entre renda ativa, aquela originária do seu trabalho, e a renda passiva, originária dos investimentos. O efeito líquido é o mesmo: você recebe mais no final do mês. Em outras palavras, é como se você **comprasse a sua promoção no trabalho** e a mantivesse por um tempo indefinido. Sem avaliação de desempenho, sem política de escritório, sem agrados ao chefe e, melhor ainda, sem trabalho ou responsabilidade extras.

1.2 Por que Investir?

Para viver melhor e com menos preocupação. Provavelmente você já deve ter notado que muitos eventos da vida envolvem dinheiro. Certamente já tomou uma decisão importante em função da abundância ou falta de recurso financeiro. Isso inclui troca de emprego, compra ou financiamento de imóvel, escolha da escola ou faculdade para seus filhos, escolha do plano de saúde, e por aí vai. Enquanto a falta de dinheiro lhe tira opções ou força caminhos indesejáveis, a abundância lhe dá alternativas.

No lado positivo, se você tiver condições financeiras, poderá par-

1.2. POR QUE INVESTIR? 23

ticipar de cursos fora do país, assumir uma profissão que pague menos, mas que lhe dê maior satisfação pessoal e mais tempo, colocar seus filhos na melhor escola disponível, dentre tantas outras possibilidades. Enfim, dinheiro lhe trará flexibilidade e suporte para buscar aquilo que mais o satisfaz como pessoa. Possuir recursos e formas de gerar dinheiro passivamente, sem trabalho direto, lhe dará a oportunidade de aproveitar ao máximo o que a vida oferece e dar a seus filhos oportunidades melhores do que aquelas que você teve quando mais novo. No longuíssimo prazo, caso consiga repassar estes ensinamentos, tenha a certeza de que este conhecimento será sua maior herança.

A grande vantagem de ter uma renda passiva significativa é que ela lhe dá tempo, o produto mais escasso que existe. O investimento de hoje pode ser sua aposentadoria no futuro. Esta ideia parece estranha para aqueles com pouco tempo no mercado de trabalho, mas saiba que todos temos uma curva de produtividade que sobe, atinge um pico e depois cai. Eventualmente nosso desempenho no trabalho não será o mesmo. Na média, um trabalhador de 25 anos tem mais possibilidades de emprego que um de 70.

Caso você consiga manter uma alta produtividade ao longo dos anos, parabéns, mas saiba que fazer isso é muito difícil e poucos conseguem. Profissões de trabalho físico intenso são aquelas onde a curva cai rapidamente com o tempo. Portanto, preparar-se para a aposentadoria é essencial. Tome as rédeas da sua vida financeira hoje para que não dependa de renda ativa no futuro. Quando o momento de a aposentadoria chegar, você estará preparado para manter o seu estilo de vida? Caso tiver uma renda passiva considerável, construída ao longo de muitos e muitos anos, certamente que sim.

É funcionário público? Emprego e aposentadoria garantidos? Pense de novo. Nada no mundo é certo ou garantido. A expectativa de imutabilidade é perigosa, pois sempre resulta em decepção, muitas vezes com sérias consequências. Nos últimos 10 anos o avanço da tecnologia mudou completamente as nossas vidas. Seria muito inocente assumir que a gestão pública não irá mudar nas próximas décadas. Você acha mesmo que emprego público é garantia de rendimento? De hoje até o momento da sua aposentadoria, os governos e as formas de viver irão mudar, diversos ciclos de bonança e escassez irão ocorrer.

Talvez seu emprego público seja realmente seguro e estável, mas, nesse tempo todo, o risco de a inflação corroer o seu salário é real. O grande erro do trabalhador do funcionalismo público é a ilusão de garantias. O efeito adverso é a comodidade e a falta de incentivos para crescer profissionalmente. Pense o seguinte: se o seu local de trabalho acabasse amanhã, quais as chances e quanto tempo levaria para você encontrar outra atividade com renda equivalente para manter seu estilo de vida?

Saiba também que o sistema de aposentadoria atual, público ou privado, de repartição ou capitalização, é nada mais que uma aposta fantasiada e vendida como certeza. Cada contribuinte coloca uma parcela do seu salário em um fundo de aposentadoria que irá investir no mercado financeiro. Se esse fundo for mal gerido e não tiver bom desempenho, não haverá recursos para pagar sua aposentadoria. Veja bem, você está colocando seu conforto futuro e a capacidade de viver com honra durante um dos períodos mais sensíveis da sua vida, a alta idade, nas mãos de de um grupo de pessoas que nem conhece.

Como regra, nunca confie cegamente no sistema previdenciário em que você está inserido. Assuma a sua aposentadoria pelo que ela realmente é, uma promessa. Para dormir tranquilo, funcionário público ou não, com previdência ou não, você deve iniciar desde cedo o hábito de poupar e investir. A tranquilidade de saber que eventualmente você poderá parar de trabalhar e que não dependerá totalmente de renda ativa ou aposentadoria é preciosa, justificando sacrifícios menores. Caso a sua aposentadoria realmente entregue o prometido, ótimo, terá duas rendas para usufruir e mimar (ainda mais) seus netos. Reforço que estas são

1.2. POR QUE INVESTIR?

ideias simples, mas poderosas. Assuma o controle da sua vida financeira e todos os benefícios que disso advirão.

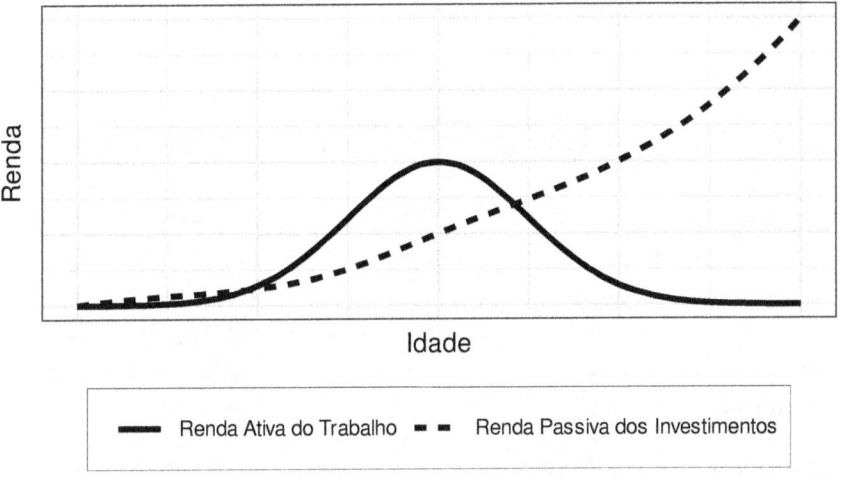

Figura 1.1: Rendas Ativa e Passiva

Na Figura 1.1 apresento uma ilustração de como as rendas ativa e passiva de um indivíduo que poupou durante muito tempo tendem a se configurar ao longo da vida. A renda ativa atinge um pico e diminui pois o indivíduo, após envelhecer, trabalha cada vez menos ao longo dos anos. Enquanto isso, a renda passiva aumenta de forma exponencial. Essa última pode eventualmente sustentá-lo financeiramente no momento em que não trabalhar mais. Perceba, porém, que esse é apenas um caso ilustrativo. A vida é muito complexa que linhas em um gráfico. O importante aqui é entender que a renda passiva pode oferecer uma liberdade rara para o investidor escolher a forma que vai trabalhar, incluindo a alternativa de não trabalhar, caso assim queira.

Note como o começo do processo de poupança e investimento é lento. Nos primeiros anos a renda extra dos investimentos será baixa e provavelmente não fará diferença ao seu orçamento mensal. Por isso que manter a poupança mensal e abrir mão de itens de consumo requer foco e serenidade. Não verás resultados significativos nos primeiros anos e é aqui que muitos desistem. Paciência e disciplina são requisitos necessários para o investidor de longo prazo.

1.3 O Efeito dos Juros Compostos

Um dos conceitos mais importantes em investimento é a força dos juros compostos. É este o movimento que torna a perenidade do investidor indispensável. Quando você coloca dinheiro em um investimento, a renda extra é reinvestida, automaticamente ou não. O resultado dos juros compostos no longo prazo é **extraordinário**.

Exemplificando, imagine que você colocou R$ 1.000 em um investimento que paga 10,00% ao ano. No início do segundo ano, você terá R$ 1.100, no terceiro ano R$ 1.210,00, no quarto R$ 1.331,00 e, no décimo ano, R$ 2.593,74. Note que, em relação aos R$ 1.000 iniciais, o recurso extra recebido a cada ano muda de R$ 100 para R$ 210,00, e depois para R$ 331,00. A mágica acontece porque todo ganho é recolocado no mercado. É dinheiro gerando mais dinheiro em um ciclo constante. O efeito prático é o valor do capital aumentando de forma acelerada, sem esforço algum.

Em um exemplo com taxa de juros de 12,50% ao ano, assuma que o investimento de R$ 1.000 é realizado mensalmente. Ou seja, ao invés de realizar um único aporte, a cada mês uma parte do seu salário é investida no mercado financeiro. Nos primeiros anos, a renda obtida exclusivamente dos investimentos, sem contar a parte do salário, é pequena e faz pouca diferença. Com o passar do tempo e a ação dos juros compostos, esta renda passiva aumenta rapidamente. Na Figura 1.2 mostro o dinheiro mensal

1.3. O EFEITO DOS JUROS COMPOSTOS

resultante dessa aplicação em 15 anos.

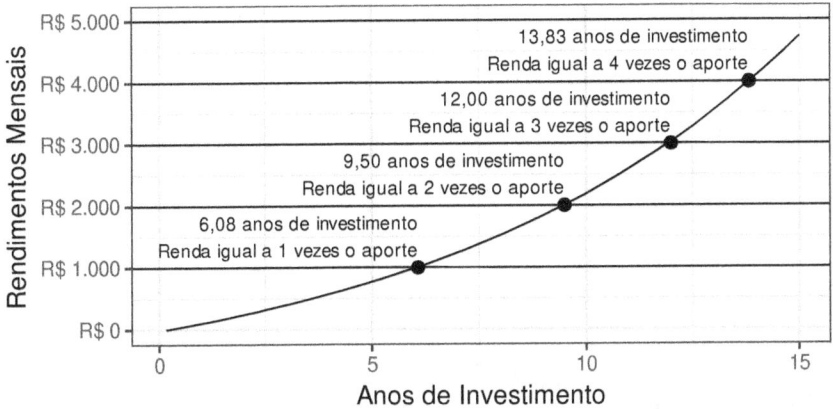

Figura 1.2: Efeito dos Juros Compostos sobre o Rendimento Mensais

Nestas condições, o rendimento passivo atinge o valor mensal poupado pela renda ativa (R$ 1.000) em aproximados 6 anos. Aproximadamente três anos depois, o valor da renda passiva do investimento atinge duas vezes o valor do aporte. Veja que, com o passar do tempo, fica cada vez mais fácil atingir o aporte mensal da renda ativa. Após aproximados 14 anos investindo, a renda passiva atinge o valor de quatro vezes o aporte. A mensagem é clara e tem que se reforçada: **é no longo prazo que os frutos dos juros compostos começam a realmente fazer a diferença.**

A seguir, apresento um exemplo real do efeito dos juros compostos sobre o patrimônio do investidor de longo prazo. Na Figura 1.3 mostro o que acontece quando um investidor coloca R$ 1.000 todo mês em um investimento de longo prazo na renda fixa, Tesouro IPCA+. Por enquanto, não se preocupe em entender o que a nomenclatura significa. Detalhes sobre cada tipo de instrumento do Tesouro Direto serão dados no capítulo 4.

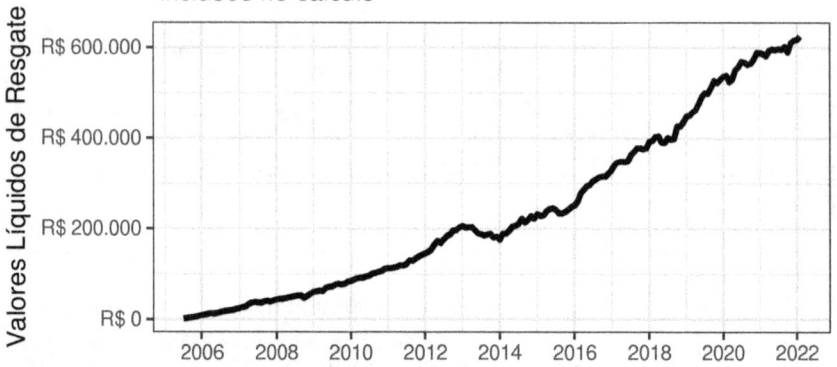

Figura 1.3: O Efeito dos Juros Compostos

A primeira operação de compra do investidor foi em 01/07/2005, no mês de lançamento do título. Ao longo dos 16 anos, o investimento mensal de R$ 1.000 tornou-se R$ 625.362,46. A renda mensal gerada por esse investimento, e que poderia ser somada ao seu salário atual, seria em torno de R$ 5.623,08.[2] Nada mal! Lembre-se que, tirando os cinco minutos necessários para a aplicação mensal, o investidor não fez absolutamente nada para o seu dinheiro crescer. Simplesmente deixou aplicado por um longo período. Enquanto o dinheiro cresce, o trabalhador pode focar

---

[2]Aqui utilizou-se o retorno nominal de 0,90% ao mês, ofertado na última data do investimento pelo título *Tesouro Prefixado 2025*. Destaco que esta é uma taxa nominal e prefixada para fins de exemplificação, não incluindo o efeito da inflação.

nas suas atividades diárias, desenvolvendo-se em sua profissão ou passando mais tempo com a família.

Note também que, apesar da tendência ser de subida, em alguns anos pode existir quedas do patrimônio. Veja que entre 2013 e 2014 o patrimônio teve uma forte queda, recuperando-se logo em seguida. Este comportamento é bastante natural no mercado financeiro e é algo a que você deve se familiarizar como investidor. Quedas acontecem, mas, no longo prazo, o patrimônio investido não tem outro lugar para ir senão para cima.

O real desafio de investir com sucesso não é técnico, mas sim comportamental. No exemplo dado na Figura 1.3, o investidor teve diversas *oportunidades* para gastar o dinheiro durante os 16 anos em que o acumulou. **Um saldo alto em investimentos traz consigo as tentações do mundo moderno.**

Profissionais do marketing são treinados – e são muito eficientes – em fazer com que um indivíduo se separe do seu dinheiro na compra de algo que ele não precisa. Por isso, é realçado neste capítulo o quão importante é a internalização de algo além do mercado financeiro: uma filosofia de investimento voltada à satisfação e à qualidade de vida. Usando o mesmo exemplo, se o indivíduo proprietário do saldo final resgatável da Figura 1.3 não estivesse confortável e feliz com o seu estilo de vida ao longo dos anos, certamente teria consumido o saldo financeiro com produtos que aliviassem temporariamente o seu descontentamento pessoal.

1.4 Tempo, Aporte e Retorno

Os três pilares dos juros compostos são tempo, aporte e retorno. Quanto maior o tempo investido, o aporte mensal e o retorno, mais forte será o efeito dos juros compostos e mais rapidamente irá crescer o seu patrimônio e a sua tranquilidade financeira. Agora, note que temos controle total apenas dos dois primeiros pilares: tempo e aporte. Como investidores, escolhemos por quanto tempo deixaremos o capital alocado e o quanto investiremos por mês. O retorno é dado pelo mercado financeiro e, mesmo com conhecimento pleno, o controle deste é impossível. No longo prazo, ninguém sabe exatamente como o mercado irá se comportar.

Uma das grandes mentiras sobre investimentos é que o investidor deve focar no retorno, gastando horas e horas do dia estudando e procurando o melhor retorno possível. Segundo essa falácia, investidores de sucesso seriam pessoas com inteligência acima da média e com dedicação ferrenha na busca de *oportunidades*. Na prática, **o que realmente importa para o investidor comum é tempo e aporte**. São estes os pilares sobre os quais se tem controle direto. Assim, uma reorganização do orçamento doméstico para que sobre 20% a mais de dinheiro no final do mês tem efeito cumulativo maior do que obter um retorno 20% maior no mercado financeiro.

Para demonstrar a superioridade de tempo e aporte, vamos simular três investimentos com taxas de retorno e aportes diferentes. Os casos analisados serão:

- Caso 1: Investimento com retorno de 10,00% ao ano, aportes mensais de R$ 500

- Caso 2: Investimento com retorno de 15,00% ao ano, aportes mensais de R$ 350

- Caso 3: Investimento com retorno de 20,00% ao ano, aportes mensais de R$ 150

Os resultados são apresentados na Figura 1.4. A simulação mostra que o aumento do retorno não compensou a diminuição do montante aportado por mês. De fato, o caso que obteve maior valor líquido de resgate foi o investimento com 10,00% de retorno

1.4. TEMPO, APORTE E RETORNO

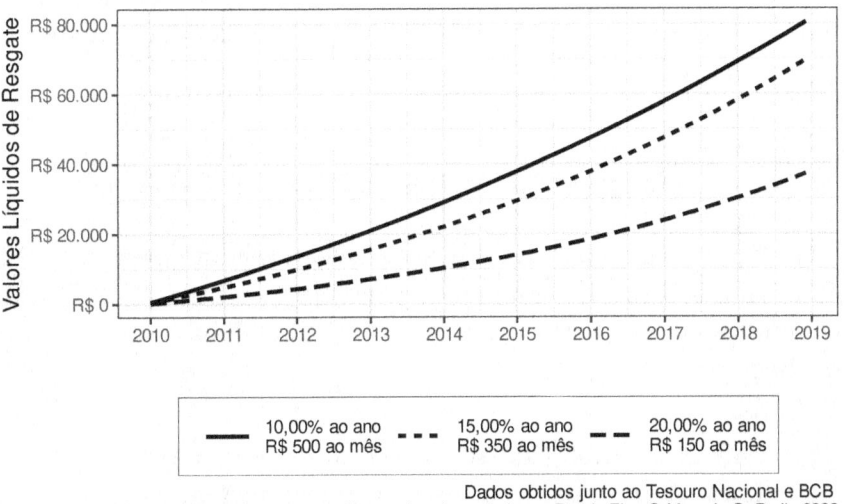

Figura 1.4: O Efeito do Aporte, Tempo e Retorno

anual, aportes mensais de R$ 500. Mesmo no caso 3, com a obtenção de 20,00% de retorno anual, o menor aporte mensal prejudicou a riqueza final.

Esta dinâmica é um efeito puramente matemático e fácil de explicar. O valor final do portfólio é muito mais afetado pelo tamanho dos aportes mensais, e pelo tempo de investimento, do que em relação à taxa de retorno obtida. Veja que um aumento de R$ 350 no aporte mensal entre os casos 1 e 3 resulta em 117,10% a mais de patrimônio após 9 anos de investimento. Enquanto o investimento 3 resultou no valor resgatável final de R$ 37.050,75, o investimento 1 resultou em R$ 80.437,46.

A mensagem é bastante clara. Em vez de ficar procurando incansavelmente as maiores taxas do mercado, para o investidor comum que realizará aportes mensais pequenos **é melhor investir tempo naquilo que realmente irá afetar o valor do seu in-**

vestimento no longo prazo, o aporte e o tempo. Pode fazer isso aperfeiçoando-se e focando no seu trabalho, ou então diminuindo os seus custos mensais para economizar mais dinheiro para o aporte.

1.5 A Riqueza e os Investimentos

Uma dúvida constante a respeito de investimentos é se é possível *ficar* rico investindo. Antes de responder, temos que melhorar a pergunta e definir o que é *ser rico*. A melhor definição que conheço é:

> **Um indivíduo rico é aquele que pode parar de trabalhar e, usando a sua renda passiva, consegue manter o seu estilo de vida atual.**

Seguindo essa definição, alcançar a riqueza é possível quando todos os seus gastos são pagos por rendas passivas. Ao atingir este ponto, a necessidade de trabalhar por dinheiro é inexistente. Possivelmente a pessoa rica continua trabalhando, mas apenas pelo prazer da atividade e não mais pela compensação financeira.

Se um indivíduo gasta R$ 3.000 mensalmente para viver e ganha R$ 3.500 em renda passiva, o mesmo é tecnicamente rico. Pois é, bem diferente da fantasiosa ideia de ter vários carros luxuosos e mansões em diferentes partes do mundo. Note que uma pessoa pode *parecer* rica e não ser. Isto é, possuir um alto salário e usufruir de diversos itens de luxo, porém, caso perca sua renda ativa, terá uma série de problemas financeiros e, sem dúvida, terá que se desfazer de seu ostentoso e custoso patrimônio.

Uma pessoa que tem gastos mensais baixos terá mais facilidade para *ser rica*, pois necessitará de menos dinheiro para viver e, consequentemente, necessitará de menos recursos e tempo para se aposentar com a renda passiva. Portanto, a proporção do que

1.5. A RIQUEZA E OS INVESTIMENTOS

você consegue economizar e investir a cada mês é essencial no processo de atingir *riqueza*. Aqueles que conseguem viver com uma parcela menor do seu salário terão mais facilidade de atingir uma renda passiva que pague os seus custos mensais.

A independência – ou tranquilidade – financeira não significa necessariamente parar de trabalhar. Pense bem: se você não trabalhasse, o que faria o dia inteiro? Ficaria assistindo à sessão da tarde na TV aberta? Quantos dias ou semanas levariam até ficar completamente entediado? Eventualmente, começaria a estudar ou fazer alguma atividade que lhe desse prazer. Se você gosta de esportes, por exemplo, poderá virar instrutor. Se jardinagem é o que faz o seu coração bater mais forte, abra uma floricultura ou escreva um livro sobre isso. O ponto aqui é que você deve encarar o trabalho como algo positivo e saudável. É muito satisfatória a sensação de ser produtivo e contribuir de uma forma específica para a sociedade.

Quando se trabalha em algo que dá prazer, é praticamente impossível não virar um profissional qualificado e demandado. Você irá acordar cedo para fazer o que gosta e terá mais energia e vontade do que todos os concorrentes. Isso transparece muito forte e com certeza criará uma reputação em torno da sua pessoa. Aposto que já conheceu pessoas onde o olho brilha mais forte quando começam a falar sobre determinado assunto. É quase impossível não prestar atenção no que elas falam.

Por mais estranho que pareça, depois de atingir um nível alto de renda passiva, é muito provável que você comece a ganhar mais na renda ativa pelo simples fato de que trabalhas por prazer, e não dinheiro. No final das contas, a renda passiva pode ser a segurança que precisas para buscar seus verdadeiros interesses profissionais e atingir o seu potencial.

1.6 Investindo com Qualidade de Vida

Como vimos anteriormente, um dos pilares para os juros compostos é o aporte, e uma das formas de aumentá-lo é cortando gastos. Um erro clássico de investidores iniciantes é negligenciar algo que o faz feliz para aumentar o aporte mensal. **Nunca economize com aquilo que verdadeiramente aumenta sua satisfação pessoal.** Lembre-se que o objetivo do investimento é aumentar a sua felicidade e não a diminuir. Se você gosta de viajar, viaje. Se determinado esporte é sua paixão, abuse da atividade e não economize na compra de acessórios. Se você deseja um determinado carro e tem recursos para mantê-lo, compre-o. Se você quer dar presentes caros para seus familiares, faça-o. O ponto é saber identificar o que realmente o deixa satisfeito com a vida e usufrui-lo com bom senso. Lembre-se sempre que o dinheiro trabalha para você, e não o contrário.

Como tudo na vida, os excessos devem ser evitados. Poupar 90% do seu salário, vivendo enclausurado e à base de pizza congelada, macarrão pré-cozido e TV aberta, não aproveitando o que a vida oferece de melhor, é tão ruim quanto não guardar nada, gastando tudo em itens supérfluos e dispensáveis, tentando impressionar pessoas de quem você provavelmente não gosta[3].

Pense o seguinte: daqui a 10 anos, o que você realmente irá lembrar da época de hoje? Será a roupa de marca que usa? O restaurante caro que frequentou semana passada? O quanto economizou no mês? A quantidade de investimentos que fez? Claro que não. Nossas lembranças serão dos momentos felizes que tivemos. A vida é muito curta e nada compensa a negligência de sua satisfação e plenitude pessoal.

A boa notícia é que as melhores coisas da vida tendem a

---

[3]Essa é uma frase clássica do filme *Fight Club*. Se ainda não assistiu, fica registrado aqui a recomendação.

1.6. INVESTINDO COM QUALIDADE DE VIDA

ser gratuitas ou de baixo custo. Uma pessoa que sabe quais itens e atividades realmente a fazem feliz não terá dificuldade em poupar dinheiro. Se você ainda não enxerga o que o faz feliz, é hora de explorar. Procure novos esportes, atividades sociais e experiências. Não tenho dúvida de que irá reconhecer de imediato as atividades que o deixam contente.

O segredo para poupar e viver bem é manter um estilo de vida abaixo do que o seu salário permite. Note que é muito mais fácil baixar os seus gastos mensais do que aumentar o seu salário. **O grande segredo é atingir um nível de contentamento com a sua vida atual**, evitando consumismo desnecessário. Identifique o mais cedo possível aquilo que realmente o deixa feliz, cortando tudo que faz o contrário. Ao atingir esse nível, um aumento de renda, talvez por promoção ou até mesmo por renda passiva, não irá motivar o crescimento dos seus gastos porque você está confortável e feliz com seu estilo de vida atual. O efeito líquido é claro, sua poupança mensal e renda futura só aumentam.

Um ponto importante na administração do seu orçamento doméstico é a diferenciação entre custo fixo e custo variável. Custos fixos são aqueles que, invariavelmente, você terá que pagar ao final do mês. Isso inclui aluguel, gastos com alimentação, locomoção, energia elétrica, etc. Os custos variáveis são aqueles que têm mais controle e não são essenciais, tal como idas a restaurantes e bares, compra de eletrodomésticos e assim por diante. O ponto importante aqui é que, na administração do seu orçamento doméstico, **sempre** evite o aumento dos custos fixos. É este que irá dificultar a sua capacidade de guardar dinheiro.

Já ouviu o famoso caso do sítio fora da cidade ou da casa na praia? Conta a lenda que são sempre duas alegrias, uma na compra e outra na venda. No momento da compra, salienta-se os benefícios de ter um lugar mais tranquilo, longe da loucura da cidade grande. Pouco se fala, porém, que manter a estrutura de uma casa extra é caro e que o efeito da novidade logo desaparece. É muito mais barato e divertido simplesmente alugar imóveis ou ficar em hotéis nos seus períodos de descanso.

Esse é precisamente um dos grandes erros que enxergo no brasileiro, principalmente nos jovens. Ele guarda dinheiro para consumir produtos que só deixam a sua vida mais cara. Um exemplo clássico é o carro. Se você tiver renda suficiente, não tem problema algum ter um carro luxuoso. Ninguém nunca reclamou de ter mais conforto e comodidade. Se você é profissional iniciante, fique atento a dinâmica dos custos de manter um automóvel.

O carro exige manutenções, seguro e impostos que são proporcionais ao seu valor. Quanto maior o valor do carro, maior o custo de mantê-lo. Portanto, ao invés de usar o dinheiro guardado para dar um passo para frente, construindo renda para o futuro, dá-se um passo para trás, gerando mais despesas e prejudicando o acúmulo futuro. O que acho particularmente preocupante é que esse caso é mais comum em jovens, justamente aqueles com mais tempo para usufruir dos juros compostos.

1.7 Conhecimento e Investimentos

Memorize a seguinte frase: **Nunca invista em nada que não entende.** Escreva no papel de parede do seu computador ou celular. Se necessário, faça uma tatuagem na testa. Sem dúvida, essa é a regra mais importante para o investidor. A independência intelectual é absolutamente necessária.

O estudo individual lhe dará confiança nos seus investimentos nos momentos de baixa. Caso não consiga entender como um investimento funciona, não invista. Você não é obrigado a investir em nada. Ostentação e ego não combinam com a prática de investir. A escolha deve ser absolutamente pessoal. Você não deve justificar para ninguém, a não ser para você mesmo, as suas decisões de investimento. Se todos estão investindo na mais nova criptomoeda venezuelana atrelada ao preço do petróleo, isso não necessariamente significa que você deve também[4]. Com o acúmulo de experiência, você verá que de tempos em tempos surge uma nova maneira *revolucionária* de investir. Enquanto as *modinhas* passam, os produtos conhecidos e tradicionais do mercado financeiro mantêm seu valor, deixando os seus investidores cada vez mais ricos e tranquilos. O mercado financeiro é notório por premiar os investidores informados e pacientes, seja na renda fixa, seja na variável.

1.8 Considerações Finais

O propósito deste capítulo foi convencê-lo da importância de poupar e investir, introduzindo um pacote de ideias para uma abordagem focada na consistência e no longo prazo. A ideia principal é que o indivíduo atinja um nível de satisfação com sua própria vida e seus hábitos de consumo, facilitando a economia mensal necessária para fazer os juros compostos agirem.

Resumindo, podemos condensar o capítulo inteiro em quatro ideias principais:

- Poupança e administração do orçamento doméstico são requisitos indispensáveis para o investidor;

- Atinja um nível de satisfação pessoal com seu perfil de consumo e nunca economize com algo que verdadeiramente o faz feliz;

---

[4]Nada contra as criptomoedas. Minha opinião é que a tecnologia do *blockchain* na criação de sistemas autônomos de registros financeiros veio para ficar. O problema é justamente entender de forma antecipada qual criptomoeda será estável o suficiente para ser utilizada sistematicamente. Indo além, entendo que moedas em geral, incluindo dólar, euro e criptomoedas, não são investimentos de longo prazo porque não geram fluxo de caixa algum. Esse tipo de alocação deve ser entendido como uma reserva financeira, e não investimento.

- Investimento é para o longo prazo;

- Conhecimento e autonomia sobre investimentos são indispensáveis.

Se o texto deste capítulo conseguiu convencê-lo verdadeiramente de pelo menos três das quatro ideias anteriores, ele já atingiu seus objetivos.

Capítulo 2

O Mercado Financeiro Brasileiro

Antes de começarmos a apresentação dos produtos disponíveis para o investidor, é importante entender como o mercado financeiro brasileiro está estruturado. Estes são conhecimentos básicos que todos os investidores, seja da renda fixa, seja da variável, deveriam saber. Tentarei ao máximo desmistificar o funcionamento do mercado financeiro e como este está interconectado.

Por experiência no ensino, sei que o assunto é denso. Este capítulo exigirá bastante atenção do leitor. Você será apresentado a uma série de siglas referentes ao mercado financeiro. Caso tenha dificuldade, pode consultar o glossário disponibilizado no início do livro.

2.1 Contratos Financeiros

Um investimento é nada mais do que a compra de um contrato financeiro padronizado. Neste documento acordado entre duas entidades – pessoas ou instituições – estará descrito como o comprador do contrato receberá no futuro o dinheiro pago ao vendedor. Se você algum dia emprestou dinheiro para um amigo, o que você fez na verdade foi comprar um contrato de dívida. O seu amigo, neste caso, foi o emissor e vendedor dessa dívida. Caso os papéis se invertessem e você tivesse pego dinheiro emprestado com seu amigo, você seria o emissor e o seu amigo o comprador da dívida.

São sempre duas partes envolvidas nos contratos, o comprador e o vendedor. Note que o dinheiro não é criado, ele está apenas sendo movido de um lugar para outro. O pagamento recebido pelo investidor, comprador do contrato de dívida, sai do bolso do devedor. Isso não significa que o devedor foi lesado na operação. Este último, por exemplo, poderia ter usado o dinheiro em outro negócio de sua especialidade e, apesar do pagamento dos juros, ter lucrado em cima disso.

Os contratos de troca de fluxos de caixa são, portanto, uma maneira de tornar a movimentação de dinheiro mais eficiente e rápida. Dinheiro que está parado é alocado rapidamente em atividades empreendedoras, com o "dono" do capital sendo remunerado por isso. Quando utilizada em larga escala, tal como no sistema financeiro, esta facilidade de levantar e resgatar dinheiro beneficia a sociedade com a criação de novas empresas, mais empregos e mais impostos arrecadados.

O que torna o impacto do mercado financeiro tão grande é a padronização dos contratos e o suporte institucional para todo o processo. É como se a operação em que você emprestou dinheiro para o seu amigo fosse descrita em um documento digital, lavrada em fórum automaticamente, e pudesse ser replicada por qualquer pessoa no Brasil com um simples clique no celular ou computador.

Os termos do contrato também poderiam ser flexibilizados. No contrato do exemplo dado, o credor da dívida receberia compensação na forma de juros, mas em outra versão o credor poderia receber parte do lucro do empreendimento. Veja como essas diferentes possibilidades permitem os mais diversos contratos, o que nos leva a uma segmentação do mercado financeiro, explicada a seguir.

2.2 Tipos de Mercados Financeiros

O mercado financeiro é separado de acordo com a forma que o comprador do contrato é ressarcido, e o risco do investimento. Temos duas classes, **renda fixa** e **renda variável**. A primeira, renda fixa, refere-se a investimentos no mercado de dívidas e é a menos arriscada. Em resumo, o investidor empresta dinheiro para um banco, o governo federal ou uma empresa. O nome dessa classe de investimento remete ao conhecimento prévio – ou *fixo* – que o investidor possui sobre a forma como o dinheiro investido retornará com juros.

O exemplo clássico da renda fixa é a caderneta de poupança. O aplicador está comprando uma dívida bancária. O que diferencia a renda fixa da renda variável é que na renda fixa a remuneração do investidor é conhecida de antemão e ocorre dentro de um prazo estipulado. Sabe-se como e quando será feito o ressarcimento do capital emprestado.

O mercado de renda variável diz respeito a contratos financeiros relacionados a algum tipo de operação empresarial. Ao contrário da renda fixa, onde se empresta dinheiro, na renda variável o investidor paga para se tornar sócio de diferentes empreendimentos corporativos. Podem ser empresas listadas na bolsa de valores ou empreendimentos imobiliários. Se os negócios das empresas e os projetos imobiliários derem certo e o lucro for positivo, o sócio ganha dinheiro em proporção ao número de ações ou quotas que possui. Caso o lucro não vier, o sócio não ganha nada. Destaco que o mercado de renda fixa é o menos arriscado e é onde o investidor iniciante deve priorizar os seus estudos iniciais. A razão é simples: as chances de perder dinheiro são muito menores. Mesmo que o investidor invista de forma errada no começo, é bastante difícil perder dinheiro no longo prazo. No máximo, haverá uma remuneração menor ou perda de capacidade de fazer caixa. É importante compreender que investir na renda variável exige muito mais estudo que investir na renda fixa. Por esta razão, este livro tem foco principal no mercado de renda fixa. Quer ganhar mais dinheiro na renda variável? Faça o seu dever de casa. Primeiro entenda como o mercado financeiro em renda fixa funciona para depois aventurar-se em renda variável.

2.3 Entendendo o Mercado de Renda Fixa

O primeiro item a ser entendido sobre o mercado de renda fixa é que o investimento se dá na forma da compra de uma dívida emitida por uma instituição a um prazo determinado. Esta se compromete explicitamente a pagar o valor emprestado em uma **data de vencimento ou expiração**.

O prazo de vencimento geralmente é de um a cinco anos, mas isso varia bastante. Alguns investimentos em renda fixa podem vencer em até 30 anos. Durante sua vigência, o investimento pode pagar ou não juros intermediários, os chamados **cupons**, dinheiro que entra na conta do investidor no decorrer do contrato. Na data de vencimento, o valor **principal** (e maior) do investimento é retornado e encerra-se qualquer obrigação financeira entre as partes.

2.3.1 A Estrutura de uma Dívida

Na Figura 2.1 apresento a dinâmica de uma dívida do tipo mais comum, aquela onde sabe-se qual será o valor financeiro retor-

2.3. ENTENDENDO O MERCADO DE RENDA FIXA

nado ao investidor. Esta é chamada de **dívida prefixada**, pois, no momento da compra, o investidor sabe de antemão qual será o valor pago no vencimento.

No diagrama da Figura 2.1, setas para baixo significam gastos, isto é, o investidor pagou R$ 640 pelo título no início de 2019, enquanto setas para cima são recebimentos. Neste caso, na data de vencimento em 01/01/2023, o investidor terá direito ao resgate de R$ 1.000. Para simplificar, neste exemplo não levamos em consideração o custo de taxas e impostos.

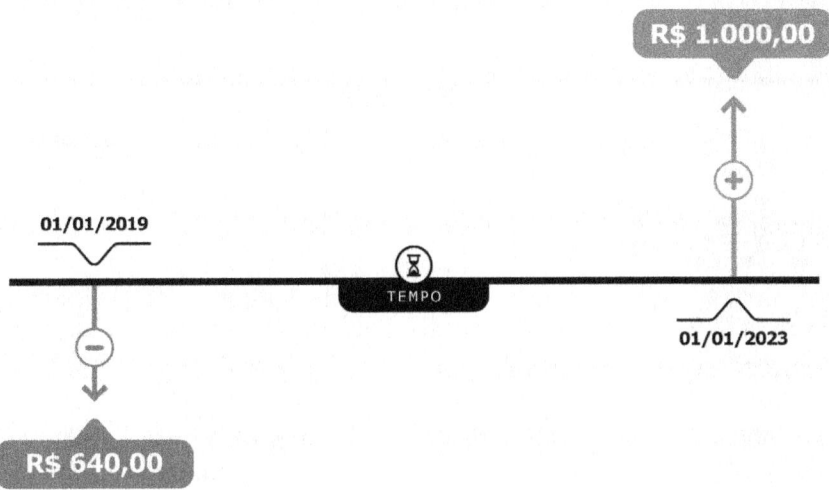

Figura 2.1: Exemplo de Fluxo de Caixa em uma Dívida Prefixada e sem Cupom

Note que o comprador (investidor) paga um valor de R$ 640 para receber R$ 1.000 em três anos. A diferença entre o preço de compra em 01/01/2019 e o valor de resgate em 01/01/2023 é a remuneração do investidor. Neste caso mais simples de uma dívida prefixada, sabe-se de antemão quanto se irá ganhar.

Em alguns casos, o valor final de resgate será calculado com base em algum índice financeiro, tal como a inflação. Estas são chamadas de **dívidas pós-fixadas**. Por exemplo, outro título de dívida disponível ao investidor pessoa física é o Tesouro IPCA+, o qual paga em sua data de vencimento a variação futura do IPCA (índice de inflação) somada a um prêmio, em torno de 5% atualmente. O fluxo de caixa desta dívida fica como na Figura 2.2.

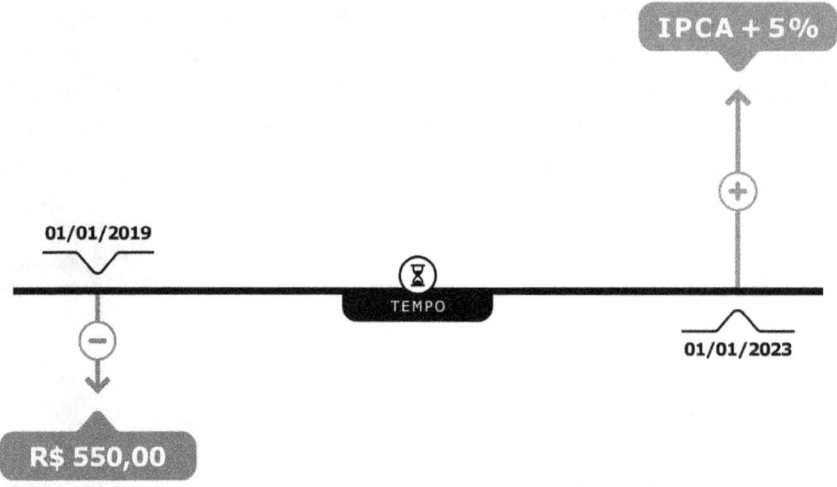

Figura 2.2: Exemplo de Fluxo de Caixa em uma Dívida Pós-Fixada ao IPCA e sem Cupom

No momento da compra do título Tesouro IPCA+ da Figura 2.2 em 01/01/2019, ninguém sabe qual será a inflação acumulada até a data de vencimento em 01/01/2023. A garantia do contrato de dívida é que, para qualquer valor da inflação medida pelo índice IPCA, o investidor receberá a inflação anual efetiva somada a um prêmio de 5% ao ano. Caso for levado até o vencimento, este contrato de dívida garantirá um retorno acima da inflação. Entraremos mais a fundo a diferença entre dívidas prefixadas e pós-fixadas nos capítulos seguintes.

As dívidas também podem pagar valores intermediários durante sua existência, os chamados **cupons**. Estes são nada mais que pequenas parcelas do capital investido, geralmente pagos semestralmente. Os casos reportados nas Figuras 2.1 e 2.2 são de dívidas sem cupom, ou seja, neles só existe um fluxo de caixa de

2.3. ENTENDENDO O MERCADO DE RENDA FIXA

recebimento para o comprador da dívida, o qual acontece na data de vencimento. Em dívidas com cupons existem pagamentos intermediários por parte do devedor, geralmente a cada semestre. O fluxo de caixa de uma dívida prefixada e com cupom é ilustrado na Figura 2.3.

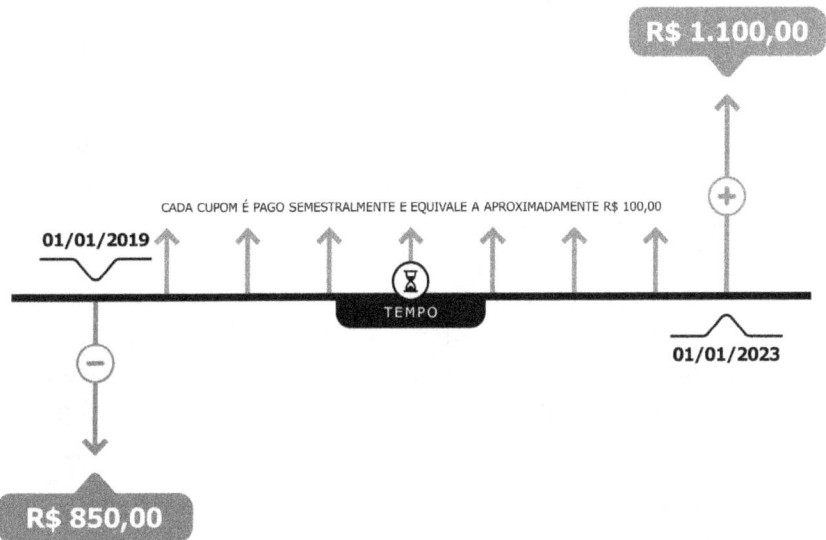

Figura 2.3: Exemplo de Fluxo de Caixa em uma Dívida Prefixada e com Cupom

Este exemplo também tem origem no Tesouro Direto, o *Tesouro Prefixado com Juros Semestrais*. Portanto, quem comprar este contrato financeiro irá receber semestralmente aproximadamente 10% do valor investido. Destaco que este recebimento não necessariamente é uma vantagem. Iremos mais a fundo na questão do cupom no capítulo 4.

O ato de investir em renda fixa no longo prazo consiste em repetir o processo da Figura 2.1 muitas e muitas vezes. À medida que os investimentos chegam no vencimento, os valores de resgate são reinvestidos. Esta repetição faz com que o patrimônio do investidor cresça de forma constante.

2.3.2 O Retorno

O retorno na renda fixa é nada mais que uma padronização da compensação financeira pelo investimento realizado, comparando o valor final de resgate com o valor inicial investido. Por exemplo, se você colocou 100 reais na caderneta de poupança e no final do ano retirou 106 reais, o retorno foi de 6% ao ano. Esse é o chamado **retorno nominal**, relação entre valor emprestado e valor retornado.

A forma mais comum de tratar o retorno é na frequência anual. Isso facilita a comparação entre diferentes investimentos. Mesmo que o investimento tenha sido realizado em alguns meses, é possível transformar qualquer taxa de retorno periódica em anual[1]. O retorno nominal, porém, não é o mais importante. Apesar de ser bastante popular – é o que mais se fala na mídia relacionada ao mercado financeiro – ele pouco interessa ao investidor. O que realmente importa é o aumento no seu poder de compra obtido através dos investimentos, o retorno real.

Para qualquer país ou economia existe um aumento sistemático dos preços chamado **inflação**. Este é um efeito corrosivo na remuneração do investidor. Se um investimento proporcionou 10% ao ano enquanto a inflação foi de 15%, isto significa que não houve benefício financeiro para o investidor. Isto é, o retorno do investimento não acompanhou os preços gerais dos produtos no mercado de consumo. Neste caso, o valor resgatado no final do investimento não consegue comprar a mesma proporção de produtos que no início. Consequentemente, houve diminuição (e não aumento) do poder de compra do investidor. Não preciso nem dizer que a inflação é indesejável e o seu efeito no investimento deve ser minimizado.

Em países desenvolvidos a inflação é pequena e ignorável em curtas janelas de tempo, algo em torno de 2% ao ano. Para o Brasil, infelizmente, a inflação é bem mais alta e possui um histórico

---
[1]Veja a fórmula no Apêndice Técnico Online.

2.3. ENTENDENDO O MERCADO DE RENDA FIXA

de incerteza. Em 1994, a inflação chegou a aproximadamente 50% ao mês![2] Felizmente a inflação foi controlada e hoje temos maior estabilidade econômica em nosso amado país. Para fins de comparação, a inflação mensal média[3] para os últimos 10 anos (2022-2012) foi de 0,50%, com um máximo de 1,35% e um mínimo de -0,38%. Nada mal quando comparado com o período de hyperinflação.

A inflação é medida via registro temporal dos preços de produtos no mercado e pode ser calculada de diferentes maneiras. O índice mais conhecido e utilizado de forma recorrente pelo mercado financeiro é o IPCA – Índice de Preços ao Consumidor Amplo – divulgado pelo IBGE. Para entender melhor o nosso inimigo, a seguir apresenta-se a série temporal da variação mensal do índice IPCA desde 2000.

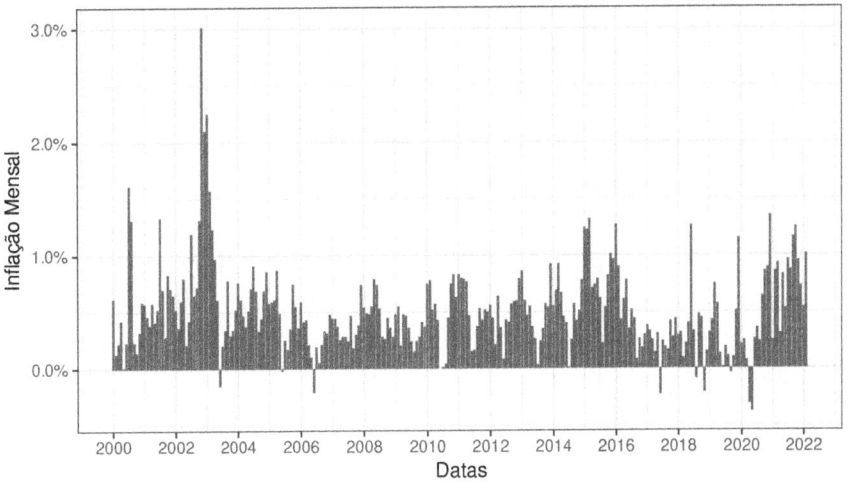

Dados obtidos junto ao Tesouro Nacional e BCB
Poupando e Investindo em Renda Fixa © Marcelo S. Perlin 2022

---

[2]No mês de junho de 1994 o IPCA registrou uma variação de 47% ao mês.
[3]Medida pela variação do IPCA mensal.

48 CAPÍTULO 2. O MERCADO FINANCEIRO BRASILEIRO

Como podemos ver, a inflação sobe e desce em um padrão de picos e vales. Observe um pico de inflação no final de 2002. Levando em conta apenas os dados a partir de 01/01/2010, chegamos a uma média mensal de 0,49%, o que é equivalente a 6,10% anuais. Isto significa que, em agregado, qualquer investidor que recebeu menos de 6,10% ao ano em retorno nominal está perdendo poder de compra.

Aproveito para ressaltar que a caderneta de poupança rendeu apenas 5,85% por ano entre 2000 e 2022.[4]. Note como este valor é bastante próximo da inflação. Ou seja, quem investe em poupança não está deixando o seu dinheiro crescer a taxas reais de retorno. Historicamente, a caderneta de poupança paga apenas a inflação para o poupador. O poder de compra não aumenta. Logo veremos que diversos outros investimentos podem facilmente prover uma renda maior do que a inflação.

Como investidor, você deve primeiro entender que a inflação é um efeito externo e fora do seu controle. A inflação é o resultado de uma complexa interação entre oferta e demanda de moeda e produtos. Isso envolve as políticas monetárias do Banco Central e a situação no mercado internacional. Ambas são impossíveis de se prever no longo prazo. Portanto, **proteger-se da inflação é algo imprescindível para o investidor**. Deve-se escolher um *mix* de produtos na renda fixa que, no mínimo, deem um retorno nominal maior do que a inflação a um risco aceitável. O que realmente importa para o investidor em termos de retorno é a diferença entre o retorno nominal e a inflação. O nome técnico deste cálculo é **retorno real**.[5]

A boa notícia é que a grande maioria dos investimentos em renda fixa já define, em expectativa, um retorno real positivo. Afinal, quem compraria algo em que fosse esperado um rendimento me-

---

[4]Todos os cálculos consideram a mudança de rentabilidade da poupança pela lei Lei 12.703 de agosto de 2012.

[5]Veja a fórmula de cálculo no Apêndice Técnico Online.

2.3. ENTENDENDO O MERCADO DE RENDA FIXA

nor que a inflação? Ninguém. Dessa forma, não é necessário ficar procurando ou comparando os retornos programados contra a inflação. O mercado financeiro é eficiente dessa forma. Alguns tipos de investimento inclusive garantem que o retorno real seja positivo.

2.3.3 A Taxa Selic

Sem dúvida, o maior fator que define os retornos nominais no mercado da renda fixa é a taxa básica da economia, a Selic. Para entender melhor o que ela representa e como afeta as demais taxas, teremos que compreender a política monetária vigente no Brasil e a forma de financiamento dos principais agentes de crédito, os bancos.

Desde 1999 o Brasil segue o chamado *regime de metas da inflação*. Este sistema define qual é o intervalo, entre máximo e mínimo, para uma inflação aceitável para a economia. O valor das metas é definido pelo Conselho Monetário Nacional (CMN), órgão normativo de maior hierarquia do mercado financeiro, e repassado para o Banco Central do Brasil (BCB), órgão de caráter executivo que irá efetivamente buscar manter a inflação dentro dos limites. Hoje, março de 2022[6], a meta da inflação anual está em 3,5%, com um mínimo de 2% e máximo de 5%.

O Banco Central é um dos maiores credores do mercado financeiro. No início de cada dia, bancos comerciais pegam dinheiro emprestado do Banco Central como forma de garantir caixa para realizar pagamentos, empréstimos e transferências de seus correntistas. A taxa formada nesta etapa do processo tem o nome do seu próprio sistema, Selic (Sistema Especial de Liquidação e Custódia). Portanto, os bancos comerciais captam recursos pagando Selic e emprestam aos seus clientes por uma taxa maior.

---

[6]Veja a taxa atualizada da meta da inflação no site do Banco Central do Brasil.

A diferença entre a Selic e a taxa do banco é o *spread* bancário. O que é importante notar aqui é que, em um mercado competitivo, os bancos irão cobrar dos seus clientes em relação ao seu custo de captação, neste caso a Selic. Se a taxa de captação aumentar, aumentam também os juros cobrados dos correntistas. Ou seja, dado que a Selic é a taxa de captação dos agentes de crédito, esta controla todas as demais taxas de juros do mercado. Quando a Selic baixa, as demais taxas de juros também baixam.

O uso da taxa de juros para controlar a inflação funciona, pois ela também define os incentivos para consumo, investimento e poupança por parte da população e empresas. Lembre-se que inflação é nada mais que um aumento de preços. Este pode ser explicado pelo aumento da demanda dos produtos ou diminuição da oferta. Se a taxa de juros está alta, vale a pena parar de gastar e aplicar o dinheiro no mercado financeiro. Isso faz com que o consumo e a demanda por produtos caiam, e a inflação também. Ao mesmo tempo, se os juros estão baixos, a remuneração de um poupador também é baixa, o que incentiva o consumo e o aumento da inflação.

O processo exato de definição dos juros da Selic é complexo, passando pela definição das metas de inflação pela CMN, metas de Selic pelo Copom (Comitê de Política Monetária) e, por fim, operação a mercado do BCB (Banco Central do Brasil). Baseado na diferença entre Selic real e meta, este último entra no mercado financeiro atuando como comprador ou vendedor dos títulos públicos, operando até o momento em que a meta da Selic equivale ao valor real. Os efeitos da mudança da Selic estendem-se sobre todo o mercado de renda fixa. Como investidor, você deve conhecer este mecanismo. Este é o processo que irá definir os retornos que você terá no mercado financeiro.

Apesar de o processo de definição da Selic ser conhecido, note que os fatores que afetam o processo são complexos e difíceis de prever. O resultado é que, no longo prazo, as mudanças de juros são imprevisíveis para o investidor comum. A mensagem aqui é

2.3. ENTENDENDO O MERCADO DE RENDA FIXA

que você não fique tentando prever o que irá acontecer com os juros. Caso o fizer, pode até ter certo sucesso por sorte, mas é uma atividade sem respaldo racional. Ninguém consegue prever como o mercado de juros estará nos próximos cinco ou dez anos.

Para o investidor de longo prazo, **o melhor momento para investir é sempre hoje**, independentemente do cenário econômico e político. Evite tentar prever ou seguir previsões de como o mercado de juros irá se comportar no futuro. Simplesmente faça o seu aporte e não se preocupe com isso. Ao investir de forma constante e recorrente, ao longo dos anos, você terá contratado taxas de juros altas e baixas, e uma anulará a outra. Reforço que o que realmente importa é o seu foco e resiliência nos aportes mensais, nada mais. Os investidores de sucesso não são aqueles que conseguiram prever grandes movimentos no mercado de juros, mas sim aqueles que seguiram o seu plano de aportes pequenos e recorrentes.

2.3.4 A Taxa CDI

Outra taxa importante no mercado de renda fixa é a CDI (Certificado de Depósito Interbancário). Lembre-se que os bancos pegam emprestado do BCB pela taxa Selic. Caso falte recursos para fazer frente às demandas do dia, os bancos podem pegar emprestado de outro banco, formando então a taxa interbancária do CDI. Como veremos logo a seguir nos próximos capítulos, as taxas do CDI são comumente utilizadas para definir o retorno em investimento pós-fixado, geralmente no mercado de produtos bancários.

A taxa do CDI depende diretamente da Selic devido ao efeito cascata. Portanto, quando a Selic diminui, o CDI também diminui. Nada melhor que os dados para comprovar esta relação. Na Figura 2.4 apresento o comportamento da Selic e da taxa CDI anual desde 2005 até 2022.

Note como ambas as taxas seguem caminhos muito próximos e

52 CAPÍTULO 2. O MERCADO FINANCEIRO BRASILEIRO

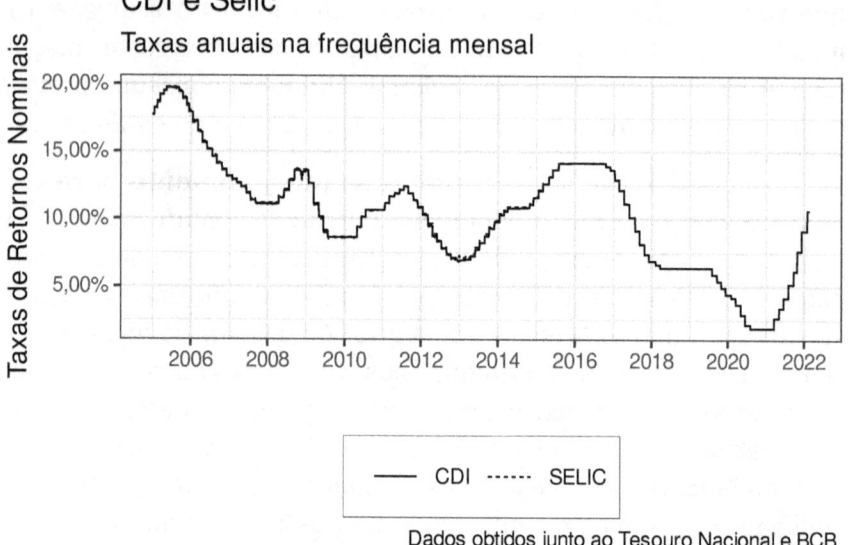

Figura 2.4: CDI e a SELIC

mal dá para ver que são duas séries diferentes. Analisando o gráfico mais de perto, vemos que o CDI é levemente menor que a Selic em alguns momentos, tal como entre 2013 e 2015. Este é um resultado pouco intuitivo, mas explicado pelas diferenças estruturais dos mercados. O mercado de CDI é mais líquido e tem mais operações. Neste, a maior oferta de recursos acaba puxando as taxas de juros para baixo.

Note que atualmente, em 2022, tivemos o efeito da pandemia, a qual forçou o aumento dos juros após a mínima em 2020. Reforçando a importância da perenidade do investidor, juros nominais baixos ou altos não devem ser quesito para o investimento em renda fixa. Seguir o seu plano de investimento é mais importante que tentar acertar os momentos de entrada no mercado.

2.4 Impostos e Custos de Operação

Toda vez que um investidor resgata capital e aufere ganho de capital, é necessário verificar a necessidade ou não de pagamento de impostos. Isso varia de produto para produto. Alguns são isentos, enquanto outros não o são.

O imposto de renda na renda fixa toma duas formas, o IOF (**imposto sobre operações financeiras**) e o IR (**imposto de ganho de capital**). O primeiro, IOF, incide sobre o ganho de capital e em operações de curtíssimo prazo, de menos de 30 dias. Veja os valores exatos do IOF na Tabela 2.1. As percentagens do IOF incidem sobre o ganho de capital e são pesadas. Caso o investidor compre e resgate em cinco dias, irá pagar 83% do lucro em imposto. Este valor é cobrado na fonte, isto é, no momento da venda será descontado o IOF pela própria corretora. Na prática, deixar capital alocado na renda fixa por prazos curtíssimos não dá retorno financeiro.

Tabela 2.1: Taxa de IOF sobre ganho de capital

Dias	IOF
5	83,00%
10	66,00%
15	50,00%
20	33,00%
25	16,00%
30	0,00%

O segundo imposto é sobre o ganho de capital no longo prazo, iniciando em 22,5% para investimentos realizados por menos de seis meses e terminando em 15% para investimentos por mais de dois anos (veja valores na Tabela 2.2). Assim como para o IOF, o valor do IR também é retido na fonte, pela própria corretora ou banco, no momento do resgate.

Tabela 2.2: Taxa de IR sobre ganho de capital

Período	IR
0 a 180 dias (6 meses)	22,50%
181 a 360 dias (1 ano)	20,00%
361 a 720 dias (2 anos)	17,50%
Acima 721 dias	15,00%

2.4.1 O Efeito do Diferimento do Imposto

Olhando os valores das tabelas 2.1 e 2.2, não é preciso muita consideração para chegar à conclusão de que o investidor terá maiores ganhos se mantiver o capital alocado por mais de dois anos. De preferência, o investidor deve sempre manter o dinheiro pelo maior tempo possível, prorrogando (ou diferindo) ao máximo possível o pagamento dos impostos. O valor do imposto não pago irá somar-se ao resto do montante investido, aumentando a base financeira para os juros compostos. O resultado será inevitavelmente um valor resgatável maior.

Por exemplo, imagine um investidor que irá manter o montante de R$ 1.000 investido por 15 anos, entre 2004 até 2019. Ele tem três opções para realizar o investimento no mercado de renda fixa, conforme destacado abaixo:

Investimento A: Retorno nominal de 15,00% ao ano, com vencimento a cada cinco meses.
Investimento B: Retorno nominal de 15,00% ao ano, com vencimento a cada ano (12 meses).
Investimento C: Retorno nominal de 15,00% ao ano, com vencimento a cada 15 anos (180 meses).

2.4. IMPOSTOS E CUSTOS DE OPERAÇÃO 55

Todas as opções possuem igual e tradicional tratamento tributário, pagando IR e IOF sobre o ganho de capital. O que as diferencia é apenas a data de vencimento. Quando a dívida vence, o investidor reaplica o valor resgatado líquido no mesmo produto.

Entre as três opções, o investimento com vencimento em 15 anos resultará em muito mais patrimônio. A razão é simples: em cada resgate dos demais investimentos, o investidor estará pagando imposto de renda e diminuindo o valor total onde os juros da aplicação incidem.

Note também que no resgate em cinco meses o investidor paga a maior alíquota de imposto possível. O efeito do adiantamento do imposto é devastador no longo prazo. Veja esta situação simulada na Figura 2.5.

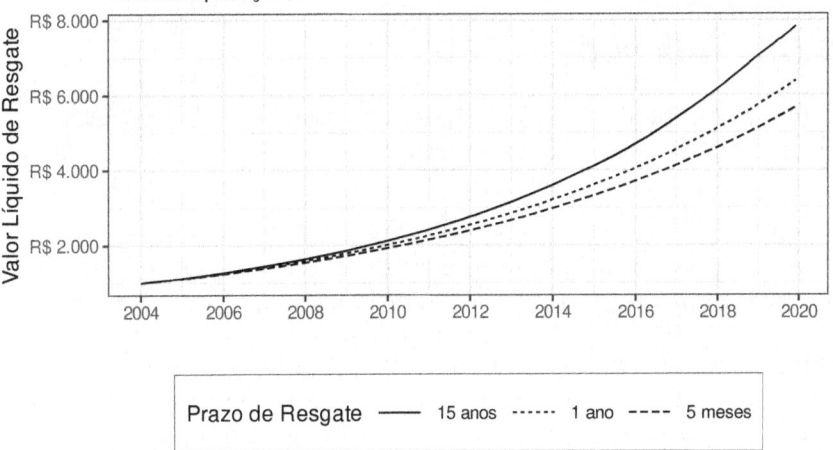

O Efeito do Giro da Carteira
- O gráfico mostra o valor resgatável de R$ 1.000 para investimentos com diferentes prazos de vencimento, mas mesma remuneração (15,00% ao a
- Quando um investimento expira (vence), o capital é resgatado e realoca mesma aplicação

Figura 2.5: Efeito do Resgate Frequente sobre Patrimônio

O investimento do mesmo capital inicial de R$ 1.000 resulta em valores de resgate completamente diferentes. Veja que o valor resgatável no investimento que vence em 15 anos é 38,26% maior do que no investimento que vence em cinco meses. Como o investidor sabia que iria investir por 15 anos, deveria ter buscado uma alternativa de investimento que durasse o mesmo período, prorrogando ao máximo o pagamento dos impostos e maximizando o valor resgatável. A mensagem aqui é clara, evite o *gira-gira* do portfólio. Para maximizar o valor resgatado, busque investimentos que sincronizem o prazo de vencimento com o uso planejado do dinheiro. Iremos voltar a esta questão no capítulo 7.

2.5 Riscos na Renda Fixa

Todo investimento financeiro possui algum tipo de risco e a renda fixa não é exceção. Apesar de ser o tipo de investimento com menor chance de se perder dinheiro, esta possibilidade nunca é nula. Aqui iremos discorrer sobre os principais riscos para o investidor pessoa física e como administrá-los.

2.5.1 Risco de Calote

O primeiro tipo de risco é o chamado **risco de calote**. Este nada mais é do que a chance de o credor, entidade que tomou dinheiro emprestado de você, não pagar de volta o valor do principal ou dos juros. O calote pode ser parcial, quando parte do dinheiro é devolvido, ou total, quando 100% do capital devido não retorna. Se isso acontecer, o investidor perde todo o dinheiro investido.

Diferentes devedores possuem diferentes perfis de risco de calote. Para o investidor pessoa física, existem três tipos de entidades para quem você pode emprestar dinheiro: o governo federal brasileiro, os bancos e as empresas. O governo é aquele com menor risco de calote. Devido à sua longevidade, às largas reservas financeiras e à capacidade de impor políticas fiscais e monetárias para o sistema como um todo, é bastante difícil – mas não impossível – que o governo federal não pague suas dívidas. Voltaremos

2.5. RISCOS NA RENDA FIXA

ao tópico dos riscos de calote da dívida pública no capítulo 4.

Os bancos privados apresentam maior risco que o governo federal, mas menor do que as empresas. Quando ocorre um calote total ou parcial por parte de um banco, o que é bastante raro, pode ou não existir um fundo que garanta o investimento. Esse é o caso, por exemplo, de investimento em CDBs, um tipo de dívida bancária.

Caso o banco dê calote no investidor do CDB, o FGC (Fundo Garantidor de Crédito) assegura o pagamento do principal e dos juros devidos com algumas restrições. Porém, o FGC não faz milagre e não deve ser o principal critério para investimento. No capítulo 3 iremos estudar melhor os detalhes do FGC e as razões para não superestimar as suas garantias.

Por fim, as empresas privadas também podem ser credoras no chamado mercado de debêntures. Quando uma empresa precisa de capital, ela pode emitir uma dívida de longo prazo. Neste caso, as chances de calote são muito maiores do que em relação a produtos bancários e do Tesouro Nacional. Sem dúvida é o mercado de maior risco na renda fixa. Entraremos em maiores detalhes sobre debêntures no capítulo 6.

O importante para o investidor é saber que o risco de calote sempre existirá. Na montagem de uma carteira conservadora em renda fixa, deve-se minimizar este risco. Isso é atingido através da escolha do *mix* de investimentos. Por exemplo, ao priorizar o investimento com o melhor credor possível da renda fixa, o governo federal, o risco de calote será minimizado.

2.5.2 Risco de Liquidez

Liquidez financeira é a capacidade de transformar um contrato financeiro em caixa, isto é, realizar o resgate do investimento. Um ativo líquido é aquele que é fácil de vender de volta ao mercado, sem precisar oferecer desconto no preço. Para o investidor,

quanto maior a liquidez, melhor.

Um exemplo clássico é a caderneta de poupança. Esta tem liquidez imediata. Toda vez que precisar de dinheiro, basta sacar no caixa ou transferir para a conta corrente. Outro exemplo é a compra de títulos públicos do Tesouro Direto. A compensação financeira quando da venda é em D+1 ou D+2, dependendo da corretora ou banco. Ou seja, após a ordem para desfazer o investimento, a pessoa precisa esperar um dia ou dois para receber o dinheiro em conta. A liquidez, nesse caso, é menor que a da caderneta de poupança, mas ainda é alta quando comparada com a do mercado como um todo.

Do outro lado temos o investimento no produto bancário CDB. Este trava a possibilidade de resgate para uma data predefinida. Em alguns casos é possível resgatar antes, mas o banco vai cobrar por isso. Portanto, o dinheiro fica *preso* pelo tempo do contrato. A liquidez, nesse caso, é limitada, pois não é fácil resgatar o dinheiro antes do vencimento.

Do lado do investidor, a administração da liquidez se dá através da escolha dos produtos. A preferência sempre deve ser para produtos com liquidez alta em que, caso necessário, seja possível sacar o capital antes do vencimento. Pode-se também administrar a liquidez dos investimentos pela escolha dos prazos de vencimento. Voltaremos a este tópico no capítulo 7.

2.5.3 Risco de Mercado

Uma parcela dos produtos da renda fixa possui o chamado **ajuste ou marcação a mercado**. Isso significa que os preços irão variar de acordo com a demanda e a oferta dos participantes do mercado financeiro. Em termos práticos, é possível inclusive que o investidor tenha prejuízo caso resgate os investimentos antes da data de vencimento.

O ajuste a mercado afeta dois tipos de produtos na renda fixa:

2.5. RISCOS NA RENDA FIXA

Tesouro Direto e debêntures. Felizmente, é muito fácil evitar o risco de mercado na renda fixa. Basta ou evitar investimentos em títulos mais sensíveis às forças do mercado, ou então levar o título até a sua data de vencimento. No capítulo 4 iremos estudar mais a fundo a marcação a mercado e como ela afeta os preços dos títulos no Tesouro Direto. Por enquanto, basta saber que este efeito existe e deve ser administrado através da escolha dos produtos e suas respectivas datas de vencimento.

Capítulo 3

Produtos Bancários

Vamos começar o nosso estudo pelos contratos financeiros mais próximos e mais populares, os produtos oferecidos pelos bancos.[1] Estes são contratos de dívidas emitidos pelas instituições financeiras. Isto inclui caderneta de poupança, CDBs, LCAs, LCIs e também os títulos de capitalização e produtos voltados à previdência. Os dois últimos não são necessariamente investimentos de renda fixa, mas possuem estrutura semelhante a uma dívida, o que justifica a inclusão.

Antes de começar, é importante entender que cada banco terá seus próprios produtos e, logicamente, irá oferecer apenas estes aos seus correntistas. Ao ser correntista do banco XYZ, por exemplo, você terá acesso apenas aos produtos desta instituição. Isso é problemático, pois você não *enxergará* todas possíveis opções no mercado de produtos bancários. A solução é simples, basta utilizar-se de uma corretora independente, a qual permitirá a comparação entre diferentes CDBs de diversos emissores

---

[1]Aqui omitiremos os produtos voltados apenas a investidores qualificados tal como CRI (Certificado de Recebíveis Imobiliários) e CRA (Certificado de Recebíveis do Agronegócio).

oferecidos no mercado. A corretora é nada mais que uma intermediadora entre você e o mercado financeiro. Voltaremos à questão da corretora no capítulo 7.

Também é fundamental entender que **o banco não necessariamente é seu aliado nos investimentos**. Muitos dos produtos oferecidos pelos bancos são inferiores em termos de liquidez e rentabilidade. Para um olho não treinado, porém, qualquer produto serve. Saiba que a função de um banco como empresa privada é maximizar o lucro de longo prazo dos seus donos, os acionistas. Quando o banco pega dinheiro emprestado com você, usa o mesmo dinheiro para emprestar para outros clientes tal como em um financiamento de imóvel.

A diferença entre as taxas usadas nas operações de captação e o empréstimo é o que define a lucratividade do banco. Portanto, quanto menos o banco gastar para pegar capital com você, maior será o lucro dele. Os bancos têm tido muito sucesso com esta estratégia, basta ver suas receitas de intermediação financeira.[2] Lembre-se disso da próxima vez que o seu gerente de banco sugerir um *lucrativo investimento* em um produto bancário qualquer. Possivelmente a taxa de retorno será mais baixa do que em alternativas existentes no mercado.

De qualquer maneira, os bancos fazem parte do nosso cotidiano e alguns de seus produtos possuem características próprias que valem o estudo. Vamos começar pelo produto mais simples, a caderneta de poupança.

3.1 Caderneta de Poupança

Inegavelmente é o produto bancário mais popular do brasileiro. A caderneta de poupança é a escolha predominante entre as aplicações. A grande vantagem é a facilidade de investir e retirar

---

[2]O Itaú Unibanco, por exemplo, reportou 13,96 bilhões de receita líquida de intermediação financeira para o quarto trimestre de 2018.

3.1. CADERNETA DE POUPANÇA

capital, sem incidência de imposto de renda. O devedor da poupança é o próprio banco e o saldo do investimento é segurado pelo FGC (Fundo Garantidor de Crédito)[3], descrito com maiores detalhes em seção futura.

A alocação de dinheiro na poupança tem vencimento infinito, ou seja, você pode manter o capital alocado por quanto tempo quiser. Isso é diferente de outros produtos onde o vencimento é explícito e, após certa data, o montante final e os juros retornam para a conta corrente do aplicador.

Saiba que grande parte do dinheiro em poupança é alocada para realizar financiamento imobiliário. Isto é, o banco capta recurso via poupança e empresta o valor para outros clientes que necessitam de dinheiro para financiar um imóvel. Não preciso nem dizer que existe uma grande diferença entre as taxas de captação e as de empréstimo. Atualmente[4], enquanto a poupança capta a uma taxa próxima de 4,50% ao ano, o banco empresta a juros entre 10% e 13% anuais. A diferença entre as taxas é o chamado *spread* e serve para bancar o operacional e o lucro dos bancos.

A rentabilidade da caderneta de poupança é definida pela lei 12.703 de agosto de 2012 e segue as seguintes regras:

- Quando a taxa meta da Selic for **maior** que 8,5% ao ano, o rendimento mensal da poupança será 0,5% + TR.
- Quando a taxa meta da Selic for **menor ou igual** a 8,5% ao ano, o rendimento mensal da poupança será de 70% da Selic somado à TR.

A Selic é a taxa básica de juros da economia (veja seção 2.3.3) e atualmente, 18/12/2022 está no valor de 11,75% ao ano. A TR é

---

[3]O FGC é um fundo criado pelos bancos e tem como finalidade dar estabilidade ao sistema bancário. Se o banco falir, o FGC garante o capital com certas restrições.

[4]Veja a taxa de juros atual da poupança e financiamento imobiliário no site do BCB.

a chamada *taxa de referência* e é uma herança da época de hiperinflação. Esta foi criada em 1991 e é utilizada até hoje. Na época, o objetivo era justamente o combate do aumento dos preços através da indexação dos rendimentos. O rendimento total da poupança hoje, em março de 2022, é de aproximadamente 8,22% ao ano ou 0,66% mensal.

3.1.1 Desempenho da Poupança

Como você deve desconfiar, o desempenho da poupança no longo prazo é pífio. Veja a seguir o que acontece quando colocamos R$ 100 na poupança em 01/01/2010 e comparamos o valor do investimento com a inflação medida pelo índice IPCA.[5]

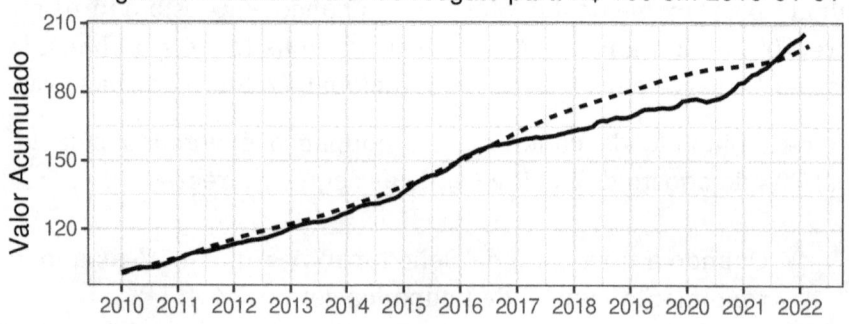

Figura 3.1: Poupança e Inflação

---

[5]Aqui assumimos a rentabilidade vigente da poupança em cada período, e não apenas a rentabilidade da poupança antiga (0,5% + TR ao mês).

Note como a poupança simplesmente seguiu o valor acumulado para o IPCA na grande maioria do tempo. Em meados de 2016 ocorreu um pequeno descolamento entre as séries devido ao maior controle e baixa da inflação. Isso, porém, não compensa todo o período anterior com retornos quase equivalentes à inflação. Entrando nos números, enquanto a renda nominal da poupança foi equivalente a 5,94% ao ano, totalizando 100,87% no período inteiro, o retorno real foi de apenas -0,21% ao ano. Um investidor que aplica seu capital a estas taxas terá enorme dificuldade de criar riqueza no longo prazo. Saliento que diversos outros investimentos proporcionam uma taxa real de retorno muito maior que esta, para um risco menor ou comparável.

A lição aqui é simples, **caderneta de poupança não é investimento**. A alocação de capital em poupança não deve ser feita em função do retorno, mas de outras qualidades como liquidez e fácil acesso. A poupança é uma ótima candidata para a criação de uma reserva para emergência, um capital que fica parado para qualquer contingência que você tiver, tal como uma emergência médica. Aumente ou diminua o valor na poupança em relação às chances de uma emergência pessoal ocorrer. Quanto mais imprevisíveis forem os seus gastos, maior deve ser a *gordura* de capital deixada na poupança. Voltaremos ao tópico da reserva de emergência no capítulo 7.

3.2 Títulos de Capitalização

Um título de capitalização é uma mistura entre um contrato de dívida tradicional e a loteria. O aplicador aporta de forma única ou mensalmente no título e, durante a vigência, concorre ao saque de um valor maior. Enquanto não for sorteado, o valor aplicado é remunerado a taxas baixíssimas, geralmente pela TR (taxa de referência), a qual atualmente está muito próxima de zero. O efeito líquido é que o título de capitalização irá render menos que a poupança e a inflação.

O título de capitalização é possivelmente o pior produto existente no mercado bancário. Impressiona o fato de que este ainda existe em uma época onde informação é abundante e de fácil acesso. O comprador do título de capitalização paga o banco indiretamente por meio da baixa remuneração, e o banco simplesmente recolhe o dinheiro de vários títulos e faz sorteios. Matematicamente, as chances sempre estarão contra o correntista, pois o banco fica com parte do dinheiro. Se o atrativo do título de capitalização é a emoção da jogatina, o dinheiro seria muito melhor alocado na roleta de um cassino.

A única justificativa plausível para investir em um título de capitalização é se a pessoa tem problemas em manter dinheiro em lugar acessível, não se controlando nos gastos. Mas, mesmo neste caso, o valor do título de capitalização seria mais bem aproveitado em consultas a um psicólogo ou terapeuta. A sugestão aqui é cristalina. Fique longe dos títulos de capitalização. Se você, por acaso, gosta da emoção do sorteio, procure um esporte ou atividade que proporcione os mesmos sentimentos. Sairá muito mais barato e sua saúde futura agradecerá.

3.3 CDBs

O CDB (Certificado de Depósito Bancário) é um outro tipo de dívida que os bancos emitem para financiar suas atividades. A grande diferença entre a poupança e o CDB é que este último geralmente possui prazo de validade e não tem liquidez, com exceção de um tipo especial com liquidez diária.

Em outras palavras, quando um investidor compra um CDB tradicional, o dinheiro fica retido até a data de vencimento proposta no contrato. Para o caso de CDBs com liquidez diária, o investidor abre mão de maior rentabilidade pela possibilidade de sacar no momento que quiser. Assim como a poupança, o CDB também é garantido pelo FGC. Porém, existe incidência de imposto

3.3. CDBS

de renda sobre o ganho de capital (veja seção 2.4).

A rentabilidade do CDB é definida de duas formas: prefixada e pós-fixada. Na prefixada, o investidor sabe exatamente quanto irá ganhar de retorno. Por exemplo, um CDB que paga 8% ao ano é prefixado, pois a taxa exata do retorno nominal ao investidor está explicitamente definida. Note, porém, que o retorno real não está definido, pois a inflação futura é desconhecida. Portanto, ao investir em CDBs prefixados, toma-se o risco de inflação. Se a inflação futura aumentar, pior para o investidor do prefixado.

Os pós-fixados são a solução para o problema do risco inflacionário, o que justifica sua maior popularidade. No CDB pós-fixado o investidor não sabe exatamente quanto irá ganhar, mas sim a qual índice de mercado o retorno estará relacionado. O índice mais comum é o CDI (veja seção 2.3.3). Por exemplo, um CDB que paga 110% do CDI é pós-fixado. Após a compra do CDB, todos os retornos futuros do investimento serão atrelados à taxa corrente e atualizada do CDI. Neste caso, se o retorno interbancário subiu, então o retorno do CDB também irá subir. Outra fixação bastante comum é atrelar o retorno do CDB pós-fixado ao próprio índice de inflação, o IPCA. Um exemplo seria um CDB que paga IPCA + 4% anual.

A boa notícia em relação aos CDBs é que a rentabilidade real tende a ser positiva e maior em comparação à caderneta de poupança ou ao título de capitalização. Para analisar melhor esta questão e entender este mercado, importei dados de CDBs disponíveis no site do InfoMoney na data de 15/01/2019. Veja informações dos primeiros 20 CDBs em 3.1. A tabela completa é muito grande para ser inclusa aqui.

Esta base de dados possui informações sobre 61 CDBs emitidos por 13 bancos diferentes. Destes, 12 são prefixados, 39 são pós-fixados ao CDI e 10 são pós-fixados ao IPCA. Note como os atrelados ao CDI são mais comuns. A grande maioria dos CDBs vence em dois anos. Isso é ruim porque exige a reaplicação e paga-

Tabela 3.1: Informações sobre 20 CDBs Disponíveis no InfoMoney

Banco	Liquidez	Vencimento	Rentabilidade	Rating	Aplicação Mínima (R$)
BMG	360 dias	10/01/2020	103% CDI	Baa3	5000
BMG	720 dias	04/01/2021	107% CDI	Baa3	5000
BS2	360 dias	10/01/2020	111% CDI	BBB	5000
BS2	360 dias	10/01/2020	7.20%	BBB	5000
CEF	0 dias	16/01/2019	91.5% CDI	AAA	1000000
Daycoval	0 dias	16/01/2019	92% CDI	AA+	1000
Daycoval	360 dias	10/01/2020	100.5% CDI	AA+	20000
Fibra	720 dias	04/01/2021	113.5% CDI	BBB-	5000
Fibra	900 dias	03/07/2021	113.5% CDI	BBB-	5000
GMAC	360 dias	10/01/2020	101% CDI	AAA	5000
GMAC	720 dias	04/01/2021	102% CDI	AAA	5000
Haitong	360 dias	10/01/2020	105% CDI	AA+	5000
Haitong	720 dias	04/01/2021	106% CDI	AA+	5000
Mizuho	0 dias	16/01/2019	91.5% CDI	Aaa	1000
Modal	360 dias	10/01/2020	107% CDI	Baa2	5000
Modal	720 dias	04/01/2021	109% CDI	Baa2	5000
Original	180 dias	14/07/2019	103% CDI	A-	5000
Original	360 dias	10/01/2020	109% CDI	A-	5000
Pan	0 dias	16/01/2019	100% CDI	A	5000
Pan	360 dias	10/01/2020	103% CDI	A	5000
Paraná Banco	720 dias	04/01/2021	103% CDI	AA+	5000
Pine	180 dias	14/07/2019	102% CDI	BBB	5000
Pine	360 dias	10/01/2020	108% CDI	BBB	5000

mento de imposto quando o horizonte do investimento for maior que o do vencimento da dívida. Veja o efeito do adiantamento do imposto sobre o valor resgatável na seção 2.4.

Para entender melhor este produto, vamos primeiro observar quais informações estão disponíveis para cada contrato:

Banco: Nome do banco emissor da dívida. Importante informação para o estudo da condição financeira do emissor. Aqui, os emissores tendem a ser bancos menores e desconhecidos.

Liquidez: Número de dias até o vencimento do CDB. Define quantos dias o investimento ficará *preso*. Os prazos mais

3.3. CDBS

comuns são de um a dois anos.
Vencimento: Data exata do vencimento.
Rentabilidade: A rentabilidade contratada do CDB, prefixada ou pós-fixada. Os CDBs pós-fixados ao CDI são mais comuns.
***Rating*:** Símbolo indicativo da qualidade percebida do crédito do emissor e das chances de calote por parte do banco. Os *ratings* são emitidos por diferentes agências de classificação. A regra geral é: quanto mais próximo de A, menores as chances de calote.
Aplicação Mínima: O valor mínimo de dinheiro que pode ser alocado neste investimento.

A liquidez (dias até vencimento), a rentabilidade e o *rating* de cada CDB são conectados. Assumindo todos os demais aspectos constantes, um CDB que vai vencer no longo prazo é mais arriscado que um CDB que vence em poucos meses. A razão disso é a nossa incapacidade de prever o futuro em prazos mais longos. Pense no caso do Banco do Brasil. Este foi fundado em 1808 e é uma sólida instituição financeira do nosso país. As chances de o Banco do Brasil dar calote em CDBs nos próximos seis meses são bastante remotas. Agora, pense em 20 anos para frente: você consegue ter esta mesma confiança? Certo que não.

Portanto, **quanto maior o prazo do investimento, maior o risco**. Para compensar este maior risco, os bancos oferecem maiores taxas de retorno para prazos mais longos. Isso vale tanto para CDBs prefixados quanto para pós-fixados. A dinâmica se repete para a relação entre o *rating* e a *rentabilidade*. Se a qualidade do crédito é pior, então a remuneração tende a aumentar.

A seguir, na Figura 3.2, observa-se a relação visual entre o número de dias até o vencimento e a rentabilidade contratual para os diversos CDBs da base de dados. Para melhor comparação, cada painel é relativo aos diferentes tipos de CDBs.

Os dados não mentem. Quanto maior o número de dias até o

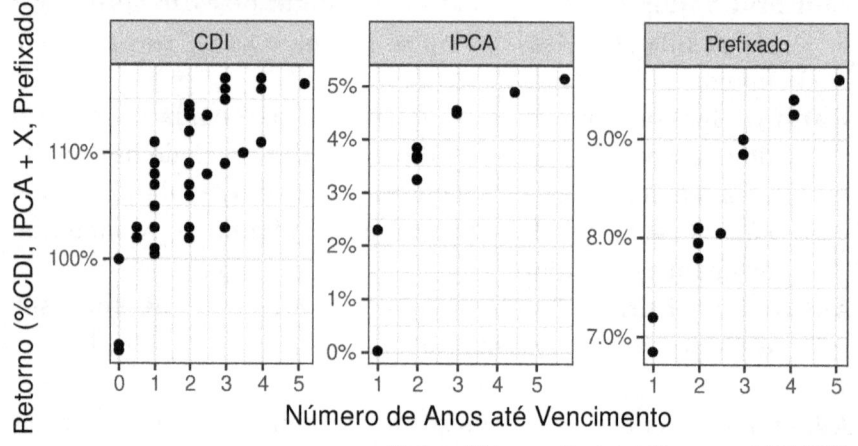

Figura 3.2: Taxa e Vencimento para Diferentes CDBs

vencimento, maior a remuneração dos CDBs oferecidos. Note que, para os mesmos horizontes de tempo no caso dos títulos pós-fixados ao CDI, existe uma grande dispersão nos retornos para os diferentes bancos. Isso mostra como os emissores possuem perfis de risco diferentes e, consequentemente, irão oferecer taxas diferentes para o mesmo vencimento.

Note agora o que acontece quando analisamos os dados de acordo com o emissor. A seguir, na Figura 3.3, mostro o mesmo gráfico apresentado em 3.2, porém separando de acordo com o banco emissor da dívida. Aqui, separo apenas os 3 emissores com os maiores números de CDBs no mercado: BMG, Pan e banco Pine.

Observe como o padrão de precificação individual de cada banco fica mais nítido na Figura 3.3. Cada emissor coloca um *preço no tempo*, aumentando o retorno contratado à medida que o hori-

3.3. CDBS

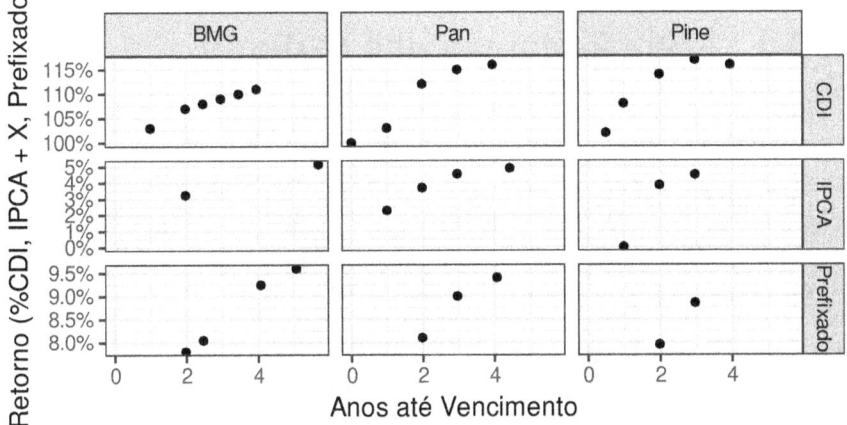

Figura 3.3: Taxa, Vencimento e Emissor

zonte do contrato cresce. Quanto mais arriscado o banco e maior sua necessidade de caixa, mais ele oferece em retorno para o investidor.

Note também que os 3 maiores bancos são relativamente desconhecidos. Pois é, são exatamente os bancos menores que possuem maiores necessidades de caixa e oferecem uma maior variedade de CDBs no mercado. O lado positivo é que são sempre os mesmos bancos. Isso facilita bastante o estudo dos emissores.

Veja também que inconsistências são possíveis. O CDB do banco *Pine* que vence em quatro anos oferece menor remuneração que outro CDB do mesmo emissor que vence em três anos. A inconsistência reside no fato de que, para o mesmo emissor, o CDB mais arriscado, aquele que vence em quatro anos, está oferecendo um retorno menor que um CDB menos arriscado. Um olho não treinado provavelmente não captaria esta discordância. Portanto, caso for investir em CDBs, preste atenção na relação entre prazos e retornos para o mesmo emissor.

3.3.1 A Performance dos CDBs

Agora vamos tentar entender se a remuneração real dos CDBs é interessante para o investidor de longo prazo e se gera retorno real. Para isto, iremos simular o investimento de diferentes CDBs pós-fixados ao CDI e IPCA, por um período de 2010 até 2022. Assumirei que cada CDB vence em dois anos, que é a média encontrada nos dados do InfoMoney.

Os resultados dos cálculos são apresentados na Figura 3.4, com o eixo vertical ordenado pelo retorno real obtido no período. Note como o *CDB IPCA+0%* ficou em último lugar com retorno real negativo. Até surpreende o fato de este CDB estar sendo oferecido ao mercado, pois, por definição, o mesmo rende menos que a inflação devido ao pagamento dos impostos. Praticamente todos os CDBs resultaram em retorno real com exceção do primeiro. O mais rentável foi o CDB IPCA + 6%, com 3,94% de retorno real anual.

As informações da Figura 3.4 servem como ponto de referência. Lembre-se que um dos pontos importantes para o investidor é o retorno real do investimento. A performance histórica dos CDBs nos permite *traduzir* a sua estrutura de pagamento, tal como *CDB 110% CDI*, para uma taxa real de retorno. Se o mesmo banco lhe oferecer um *CDB IPCA 3%* e um *CDB 115% CDI* para a mesma data de vencimento, você saberá tomar uma decisão correta ao selecionar o último, pois, historicamente, foi o que retornou maior valor para o investidor.

Os CDBs são produtos tradicionais dos bancos e conquistaram o seu espaço. No lado positivo, a remuneração dos CDBs tende a ser melhor do que a caderneta de poupança, porém a um custo alto. Os CDBs tradicionais não possuem liquidez, isto é, o dinheiro fica preso no investimento até o vencimento. Outra quali-

3.3. CDBS

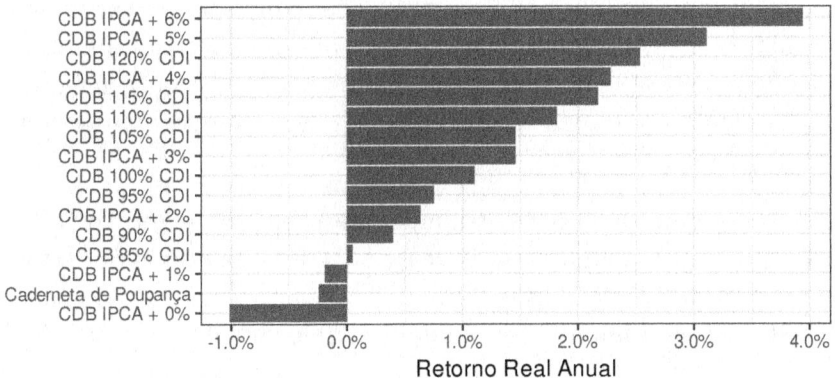

Figura 3.4: O Retorno Real dos Investimentos em CDB

dade negativa são os vencimentos curtos, com uma média de dois anos. Isso é ruim porque um investidor com prazo mais longo teria que ficar reaplicando o dinheiro e pagando imposto a cada vencimento.

3.4 LCAs e LCIs

As LCAs (Letras de Crédito Agropecuário) e LCIs (Letras de Crédito Imobiliário) são investimentos muito parecidos com o CDB, possuindo uma remuneração prefixada ou pós-fixada e com data de vencimento. A grande diferença é que a LCA e a LCI são produtos incentivados pelo governo, isentos de imposto de renda. O capital levantado, porém, deve ser alocado em um fim específico, no financiamento agropecuário ou imobiliário de terceiros. Com a isenção do imposto, a emissão destes títulos torna-se mais barata, incentivando o direcionamento de recursos para os setores em questão.

Mas saiba que, para o investidor, **a isenção não é garantia de retorno real ou de ser melhor que CDBs**. De fato, o que acontece no mercado de LCA e LCI é que o retorno contratual nestes investimentos diminui. Por exemplo, para o mesmo emissor e vencimento, se uma CDB paga 105% do CDI com Imposto de Renda, uma LCA paga 90% sem imposto. Em comparação, uma LCA que paga 90% do CDI é pior em termos de retorno que um CDB que paga 120%. Em muitos casos, o benefício fiscal do investidor é anulado pela diminuição da taxa de retorno oferecida.

Utilizando a mesma base de dados obtida junto ao site do InfoMoney, temos informações sobre 13 LCAs, emitidas por 5 bancos diferentes. Neste caso, todas são pós-fixadas e indexadas ao CDI. Veja a tabela completa em 3.2. Na Figura 3.5 replicamos o gráfico que relaciona o retorno e o vencimento dos contratos.

Observamos novamente o mesmo padrão obtido para os CDBs: quanto maior o vencimento, maior tende a ser o retorno contra-

3.4. LCAS E LCIS

Tabela 3.2: Relação de LCAs Disponíveis no InfoMoney

Banco	Liquidez	Vencimento	Rentabilidade	Rating	Aplicação Mínima (R$)
Fibra	720 dias	05/01/2021	97% CDI	BBB-	5000
Original	1080 dias	31/12/2021	96% CDI	A-	5000
Original	720 dias	05/01/2021	94.5% CDI	A-	5000
Original	360 dias	11/01/2020	92% CDI	A-	5000
CCB	360 dias	11/01/2020	91% CDI	AAA	5000
Alfa	360 dias	11/01/2020	90% CDI	AA	5000
Original	180 dias	15/07/2019	90% CDI	A-	5000
ABN	1080 dias	31/12/2021	89% CDI	AAA	5000
ABN	900 dias	04/07/2021	88.5% CDI	AAA	5000
ABN	360 dias	11/01/2020	88% CDI	AAA	5000
ABN	180 dias	15/07/2019	87% CDI	AAA	5000
Fibra	180 dias	15/07/2019	87% CDI	BBB-	5000
ABN	90 dias	16/04/2019	86% CDI	AAA	5000

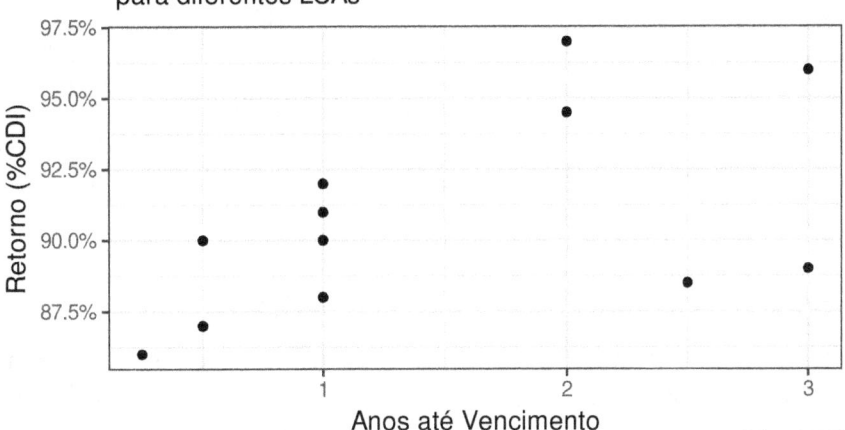

Figura 3.5: Taxa versus Vencimento (LCA)

tado. Note que, conforme esperado, os retornos do CDI são menores em comparação com os dos CDBs pós-fixados em CDI. O máximo contratável nas LCAs foi de 97,00% do CDI, enquanto nos CDBs encontramos o máximo de 117,00%. Ao segmentar o gráfico de acordo com o emissor, na Figura 3.5, encontramos uma figura parecida com aquela obtida nos CDBs, Figura 3.3.

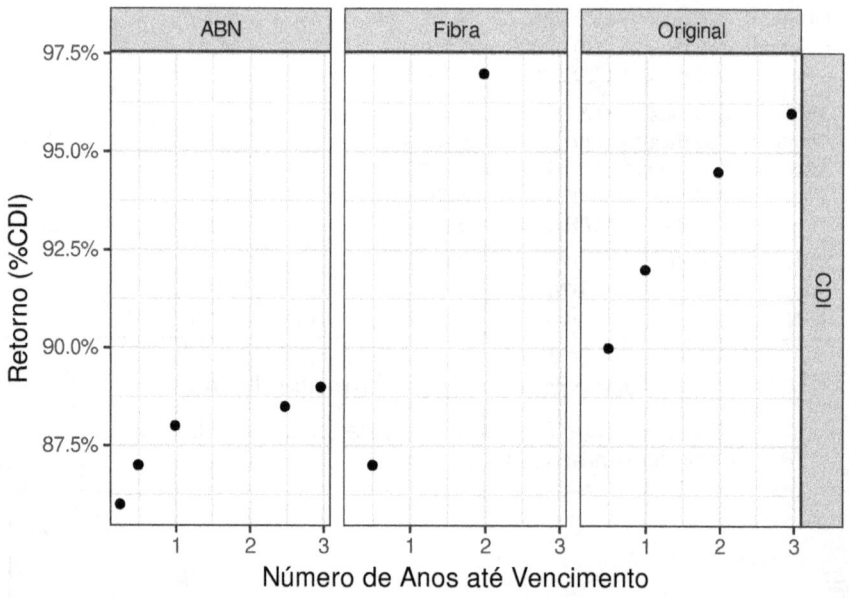

Figura 3.6: Taxa, Vencimento e Emissor

3.4.1 A Performance das LCAs/LCIs

Agora vamos avaliar a performance destes contratos caso fossem comprados no início de 2010 e mantidos até 2022. Novamente assumiremos que cada LCA/LCI é reaplicado no vencimento, a cada dois anos. Para facilitar a comparação entre CDBs e LCAs/LCIs, os resultados da seção anterior são adicionados ao gráfico.

Os resultados da Figura 3.7 mostram que o *CDB 120% CDI* continua com o maior retorno real. Note como as LCAs/LCIs ficam próximas aos CDBs, mas não necessariamente mais rentáveis. Como já foi destacada anteriormente, a isenção tributária é anulada

3.4. LCAS E LCIS

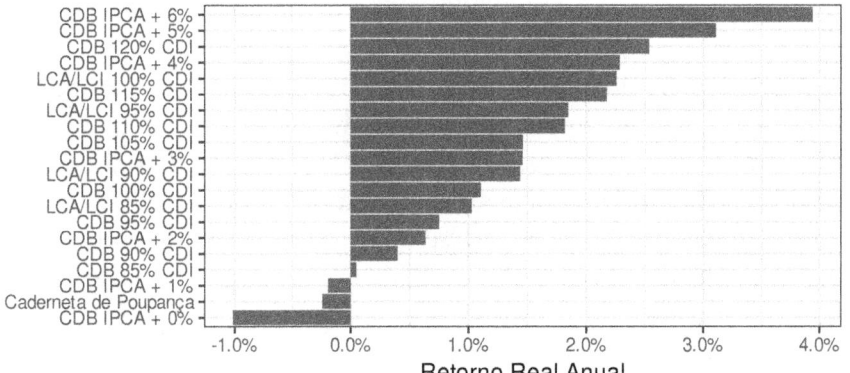

Figura 3.7: Retornos Reais de LCIs e LCAs

pela menor rentabilidade contratada.

Concluindo, as LCAs e as LCIs são muito próximas dos tradicionais CDBs. A diferença se dá no tratamento tributário: LCAs e LCIs são isentas de imposto. Os pontos negativos deste contrato financeiro são a falta de liquidez e os curtos prazos.

3.5 Planos de Previdência

Os bancos também oferecem produtos específicos voltados à aposentadoria, os planos de previdência privada. A estrutura dos planos é semelhante à dos demais produtos bancários: o correntista aporta capital de forma mensal e, no longo prazo, pode retirar o dinheiro total ou parcial.

A diferenciação dos produtos de previdência se dá nas vantagens tributárias. No momento do contrato do plano de previdência, o correntista tem duas opções, **tributação progressiva compensável** e **tributação regressiva definitiva**. A primeira possui alíquota única de 15% sobre o total de resgate ou rendimento. Além disso, o investidor ainda deve aplicar a tabela progressiva de Imposto de Renda atual[6]. Na prática, aqueles com maiores salários irão ser tributados mais fortemente.

A outra opção, **tributação regressiva definitiva**, funciona de forma semelhante à tributação de um CDB, por exemplo. Uma alíquota é aplicada de acordo com o tempo do investimento, não necessitando do ajuste na declaração do Imposto de Renda. A diferença é que a alíquota deste plano possui variações maiores, partindo de 35% e com redução de 5% para cada dois anos investidos. O mínimo possível é 10%, atingido após 10 anos de investimento.

Além da opção anterior, o correntista também deve optar pelo

---

[6]A tabela progressiva define o quanto de imposto deve-se pagar em função de sua receita mensal. Veja neste link.

3.5. PLANOS DE PREVIDÊNCIA

PGBL (Plano Gerador de Benefício Livre) ou VGBL (Vida Gerador de Benefício Livre). A diferença é, de novo, a forma de tributação e redução de imposto. No PGBL, assumindo contribuição para o INSS ou regime próprio, todos os aportes podem ser deduzidos no cálculo da base do imposto até o limite de 12% da renda bruta anual. Este é mais recomendado para aqueles que declaram o IR no formulário completo. O benefício é o adiamento do pagamento do imposto. Porém, a contrapartida é que o imposto incide sobre **todo o valor resgatado**, e não somente sobre o ganho. Já no VGBL não existe a dedução da base de cálculo na declaração do imposto anual. Entretanto, o Imposto de Renda é **apenas sobre o ganho de capital**.

Aqui vale destacar que todo o capital colocado no plano de previdência será direcionado para um fundo de investimento. Estes fundos possuem custos na forma de taxa de administração e carregamento. São pequenos gastos frequentes que podem inviabilizar a formação dos juros compostos. O grande problema é que, na média, os fundos de renda fixa não resultam em rendimentos líquidos acima da média para seus cotistas (veja seção 5.2). Se de um lado temos melhor tratamento tributário nos produtos de previdência, de outro temos um retorno dos fundos que tende a ser pior do que alternativas disponíveis para a pessoa física no mercado financeiro.

Infelizmente não é possível chegar a uma conclusão definitiva sobre os produtos bancários voltados à previdência. Cada caso tem suas particularidades e informações específicas são necessárias. Dependendo do salário, da forma de declaração do Imposto de Renda e do histórico do fundo, pode ser interessante um plano de previdência privado ou não. Além disso, em algumas situações a própria empresa também aporta no plano, dando um benefício extra para a aderência do correntista.

A minha sugestão aqui é que, caso estiver procurando um plano de previdência, investigue melhor as condições do produto. Esta é uma decisão importante que irá acompanhá-lo pelos próximos

15 ou mais anos. Observe os seguintes pontos em sua pesquisa:

Quais taxas são cobradas para o aporte nos fundos de previdência?

Evite fundos onde exista a chamada taxa de carregamento ou qualquer outro tipo de custo fixo no aporte. Mesmo que esta taxa seja pequena, o efeito no longo prazo é devastador.

Qual a melhor alternativa para sua tributação pessoal?

Obviamente procure fundos onde o benefício fiscal seja maior de acordo com o seu tipo de declaração de imposto. Procure o responsável dentro do banco e peça para que ele explique qual produto lhe dá maiores benefícios fiscais no longo prazo.

Onde o dinheiro será alocado? Quais fundos de previdência? Qual a rentabilidade histórica desses fundos?

Pesquise o fundo onde o dinheiro será aplicado. Os dados financeiros estão todos disponíveis no site da CVM[7].

Mesmo fazendo todo o trabalho e estudo, saiba que investir em produtos de previdência é um tipo de terceirização das decisões financeiras, algo que este livro é ideologicamente contra. Não é necessário pagar alguém para tomar decisões financeiras por você. Com estudo, você ganhará a necessária autonomia e confiança para montar por si mesmo sua aposentadoria, caso assim se comprometa.

3.6 Avaliando Riscos nos Produtos Bancários

O principal risco do investimento em produtos bancários é o de calote do emissor da dívida, o banco. Avaliar risco de produtos bancários é avaliar a saúde financeira da instituição para a qual

---

[7]http://www.cvm.gov.br/menu/regulados/fundos/sobre.html

3.6. AVALIANDO RISCOS NOS PRODUTOS BANCÁRIOS

você emprestou dinheiro. Se esta não tiver capital suficiente para pagar suas obrigações, então o calote pode acontecer. Vale relembrar que no caso de calote por parte do banco, o FGC (Fundo Garantidor de Crédito) é acionado e compensa o investidor sob certas restrições. Vamos conhecer melhor este mecanismo na seção 3.7.

Como vimos nos dados do InfoMoney, agências de *rating* publicam suas avaliações sobre a saúde financeira das instituições emissoras. Mas **não confie cegamente nestas classificações**. Conheça o banco que está emitindo o produto bancário e busque você mesmo analisar sua saúde financeira.

Lembre-se que a ideia é ter autonomia em suas decisões de investimento e não confiar cegamente no que lhe é apresentado. De fato, a história mostra que as agências de classificação não são infalíveis ou que não estão necessariamente alinhadas com os interesses dos investidores. Veja, por exemplo, o papel das agências na crise imobiliária dos Estados Unidos em 2008 (Coffee Jr, 2009).

A análise de risco bancário pode ser feita das mais diversas formas. Aqui vamos definir um método simples e prático de analisar o risco de calote dos bancos. A proposta de análise de risco não é infalível, mas vai ajudá-lo a evitar a compra de dívidas de bancos praticamente falidos.

No site Banco Data[8] é possível encontrar dados financeiros das instituições bancárias no Brasil. Após encontrar a página do emissor via sistema de procura, observe primeiro qual é o **Índice de Basileia** da instituição. Em termos leigos, esse mensura a proporção de capital próprio do banco em relação às suas dívidas (capital de terceiros).

Se o valor do Índice de Basileia for muito baixo, então o risco de calote é maior, pois o banco possui menos capital para garan-

---

[8] https://bancodata.com.br/

tir as suas obrigações. Uma taxa aceitável de Índice de Basileia deve ser maior que 10%[9]. Um valor menor que este limite indica maiores chances de falência do banco.

Outro ponto a ser analisado é o histórico de lucros anuais da instituição bancária. O lucro do banco indica a sua capacidade de gerar capital dentro de suas próprias atividades comerciais. Logicamente, se o banco consegue fazê-lo de uma forma consistente, então não terá dificuldade em gerar dinheiro para pagar suas dívidas.

Uma regra objetiva que recomendo é não comprar dívidas de bancos que não tiveram lucros em pelo menos três dos últimos quatro anos ou que a soma de lucro e prejuízo em todos os anos resulte em um valor negativo. A intuição por trás dessa regra é simples: evitar que você compre produtos bancários de instituições com grandes chances de falência. Aproveito para reforçar que não é incomum encontrar bancos com constantes prejuízos, mas que continuam lançando produtos bancários no mercado. Estes emissores são exatamente aqueles que prometem pagar maiores retornos em seus CDBs e LCAs.

Vamos para um exemplo com dados reais. Utilizando a base de dados de CDBs pós-fixados em CDI, buscamos os contratos que vencem em 1.080 dias (3 anos) e, dentre esses, aquele CDB que oferece o maior retorno. Este é o CDB emitido pelo banco Pine, que vence em 30/12/2021 e paga 117,00% do CDI. Na página do banco encontramos a informação de que o seu Índice de Basileia em 09/2018 é de 13%. O lucro e o prejuízo dos últimos três anos são reportados na Tabela 3.3.

---

[9]Para fins de monitoração bancária, atualmente o BCB estipula o mínimo de 8% de Índice de Basileia para manter as operações bancárias (veja resolução n. 4.193).

3.6. AVALIANDO RISCOS NOS PRODUTOS BANCÁRIOS

Tabela 3.3: Resultados Anuais para o Banco Pine

Ano	Lucro (Milhões)	Resultado
2015	41	Lucro
2016	-14	Prejuízo
2017	-263	Prejuízo
2018	15	Lucro (parcial)

Com um Índice de Basileia menor que 15% e prejuízo em dois dos últimos quatro anos, este banco não é aceito nos nossos critérios. Note também que o prejuízo em 2017 é muito maior que a soma de todos os lucros. É possível que o banco não tenha problema nos próximos três anos? Claro! Mas esse é um risco que você está disposto a correr considerando as informações atuais? Na opinião do autor, este risco não compensa juros um pouco maiores, para um prazo tão curto.

Na outra ponta, olhando o CDB com menor retorno oferecido, temos o emissor GMAC, que paga 103,00% do CDI pelo período de 1.080 dias. Verificando no site BancoData, vemos que o seu último Índice de Basileia (09/2018) é equivalente a 21,2%. O lucro e o prejuízo anuais são reportados na Tabela 3.4

Tabela 3.4: Resultados Anuais para Banco GMAC

Ano	Lucro (Milhões)	Resultado
2015	284	Lucro
2016	215	Lucro
2017	317	Lucro
2018	296	Lucro (parcial)

Este banco tem maior solidez financeira e se enquadra nos critérios discorridos anteriormente. Veja que o Índice de Basileia é maior que 15% e o banco obteve lucro nos últimos quatro anos (até 2018). A lição aqui é: **não existe almoço grátis**. Se o retorno contratado no CDB está alto, então é bastante provável que a qualidade do crédito do emissor é questionável.

A decisão de tomar ou não o maior risco devido à maior rentabilidade depende de quanto você suporta essa incerteza. O melhor termômetro é a sua facilidade de dormir tranquilamente considerando o dinheiro investido em um banco com saúde financeira debilitada. Caso isso o deixe ansioso ou preocupado de alguma forma, invista menos dinheiro com o banco em questão ou evite completamente a compra desse contrato de dívida.

3.7 O FGC (Fundo Garantidor de Crédito)

O FGC é uma associação civil sem fins lucrativos que surgiu em 1995 e possui como membros diversas instituições financeiras do Brasil. Segundo seu próprio estatuto, as principais finalidades do FGC são:

I – Proteger depositantes e investidores no âmbito do sistema financeiro, até os limites estabelecidos pela regulamentação;

II – Contribuir para a manutenção da estabilidade do Sistema Financeiro Nacional; e

III – Contribuir para prevenção de crise bancária sistêmica.

Essas finalidades são atingidas pela criação e manutenção de um fundo financeiro que serve como garantia para o financiamento das instituições bancárias participantes. Além da garantia em caso de calote, o FGC também pode capitalizar diretamente uma instituição bancária. Mensalmente, cada membro[10] contri-

---

[10]Veja lista de membros aqui.

3.7. O FGC (FUNDO GARANTIDOR DE CRÉDITO) 85

bui com 0,01% do total de seus depósitos elegíveis à garantia ordinária, entre outros valores. Conforme relatório anual do primeiro semestre de 2018, o fundo possui 69,7 bilhões de reais em patrimônio.

3.7.1 As Regras do FGC

As principais regras de garantia do FGC, segundo resolução de número 4.688 do Bacen, são:

- *O total de créditos de cada pessoa contra a mesma instituição associada, ou contra todas as instituições associadas do mesmo conglomerado financeiro, será garantido até o valor de R$ 250.000,00 (duzentos e cinquenta mil reais).*

Aqui entende-se conglomerado financeiro como um banco. Por exemplo, enquanto o Bradesco é um conglomerado financeiro, o Itaú é outro. Na prática, a regra permite que um investidor aplique o capital em bancos diferentes e tenha a garantia sobre um montante maior que o limite de R$ 250 mil. Por exemplo, um investimento de R$ 700 mil pode ter o seguro do FGC caso seja distribuído em três bancos diferentes, cada aplicação com menos de R$ 250 mil. Destaco que, no caso de contas conjuntas, o valor segurado é dividido pelo número de pessoas. Portanto, se você tem conta conjunta com seu esposo(a), o valor segurado por indivíduo é R$ 125.000.

A lição é simples: nunca invista em produtos bancários um valor que, contando os juros, resulte em mais do que o limite do FGC. Caso necessário, divida a aplicação em diferentes emissores. Quanto mais longo for o prazo de vencimento do produto bancário, menor deve ser o valor aplicado. Lembre-se que o limite de R$ 250 mil inclui os juros ganhos durante o tempo da aplicação, até a data formal de pedido de falência da instituição bancária.

- *O total dos créditos de cada credor contra o conjunto de todas as instituições associadas será garantido até o valor de R$ 1.000.000,00 (um milhão de reais) a cada período de quatro anos consecutivos.*

Essa regra foi incorporada recentemente, em 2017. Em outras palavras, dentro do período de quatro anos um indivíduo não poderá utilizar mais do que R$ 1 milhão das garantias do FGC, independentemente do número de contas que tiver em bancos diferentes. Note que para grandes investidores de CDBs esta foi uma notícia ruim, pois define um limite total para o uso efetivo da garantia do FGC.

3.7.2 O Lastro Financeiro do FGC

Para entendermos melhor a segurança do FGC, um dado importante é a sua posição financeira e o quanto o fundo mantém disponível para pagar os valores segurados. Segundo regulamento interno[11], a meta do chamado índice de liquidez é de 2,5%. Isso significa que, do total de valores garantidos no sistema bancário, apenas 2,5% possui saldo real.

Se 3% do valor total dos produtos bancários emitidos pelos bancos integrantes do FGC resultarem em calote por parte dos emissores, o fundo não conseguirá pagar a todos. Claro, esta é uma situação extrema, mas mostra que o fundo não é infalível. No caso de uma crise intensa e generalizada, o FGC provavelmente não terá fundo suficiente para arcar com os prejuízos dos investidores de produtos bancários.

Outro ponto importante aqui é que o FGC aplica o dinheiro arrecadado dos integrantes em títulos públicos, os mesmos vendidos pelo Tesouro Direto. Em outras palavras, o FGC usa a dívida pública como lastro. Por essa razão, os produtos bancários são

---

[11] https://www.fgc.org.br/backend/upload/media/arquivos/Normas/regulamento.pdf

claramente mais arriscados que o Tesouro Direto. Se por acaso o governo federal der calote em sua dívida, haverá um efeito cascata em todo o sistema bancário. O inverso, porém, não é verdade. Se alguns bancos derem calote, o Tesouro Nacional não terá problema algum. Lembre-se disso da próxima vez que alguém comentar que não investe em Tesouro Direto porque ele não é garantido pelo FGC. Essa é uma razão que não tem sustentação em lógica. Na prática, os títulos públicos representam um dos pilares que sustentam o FGC.

3.7.3 Histórico de Garantias Pagas pelo FGC

O FGC já foi acionado 36 vezes desde sua criação, totalizando aproximadamente R$ 5 bilhões em valores pagos pelo fundo como compensação pela falência de instituições emissoras. Comparando com o total segurado, este número é bastante baixo, o que mostra certa resiliência do setor bancário no Brasil. A grande maioria dos bancos, com exceção do Banco Bamerindus[12], é de instituições pequenas. A lista completa está disponível neste link.

Chamo atenção, aqui, para o fato de que o **FGC não é infalível e muito menos mágico**. No caso de uma crise sistemática no mercado financeiro, é possível que o FGC não pague seus segurados.

3.8 Considerações Finais

Os produtos bancários fazem parte do cotidiano do brasileiro. Os bancos possuem acesso amplo ao mercado de pessoas físicas e

---

[12]Foram gastos R$ 3,7 bilhões com a cobertura da falência do Banco Bamerindus do Brasil S.A, quase 75% do total despendido em toda a história do FGC.

o exploram com a oferta de seus produtos. A sua capacidade de entregar resultado financeiro de forma aceitável, porém, deve ser questionada.

Apesar de oferecer retorno real ao investidor em alguns casos (veja Figura 3.7), a falta de liquidez no caso de CDBs/LCAs/LCIs tradicionais, o risco de calote e os limites para garantia do FGC tornam estes produtos inferiores a outros disponíveis no mercado.

Capítulo 4

Tesouro Direto

A plataforma do Tesouro Direto é resultado da parceria entre a B3 e o Tesouro Nacional para a criação de um sistema que possibilitasse a compra e venda direta de dívida pública federal pela pessoa física. A ideia não é particularmente inovadora, pois diversos países possuem sistema semelhante. De um lado, o governo encontra uma nova forma de financiar suas operações, e de outro, do ponto de vista do investidor, cria-se uma maneira de diminuir os custos operacionais no caso de investimentos em dívidas governamentais, um dos investimentos com menor risco na renda fixa.

Antes da criação do Tesouro Direto, um investidor necessitava contratar um intermediário bancário ou fundo para obter rendimentos de títulos públicos. Com a possibilidade de acesso direto a este mercado, os custos de transação para o investidor pessoa física diminuíram significativamente.

A plataforma do Tesouro Direto foi muito bem aceita pela comunidade. Observa-se a cada ano um crescimento exponencial no número de investidores cadastrados. Atualmente, em final de 2021, existem aproximadamente treze milhões de pessoas físicas cadastradas na plataforma e 1,66 milhões de investidores ativos. Para comparação, o número de pessoas cadastradas era de 1,7 milhões no final de 2016.

O emissor e credor de todos os produtos do Tesouro Direto é o governo federal. O dinheiro arrecadado serve para custear toda a estrutura pública, desde gastos com saúde e educação até infraestrutura. O investimento no Tesouro Direto não possui garantia do FGC. Isso, porém, não deve ser um impeditivo. **O risco de calote da dívida pública é o menor existente no mercado de renda fixa**. Voltaremos a discutir o risco de calote nos títulos públicos na seção 4.6.

Os pontos positivos do Tesouro Direto são a alta liquidez – é possível resgatar antecipadamente o investimento –, a alta rentabilidade, o baixo risco e a grande diversidade: existem dívidas prefixadas e pós-fixadas, com prazos curtos e longos de vencimento. Por exemplo, enquanto os CDBs e LCAs analisados no capítulo 3 expiram no máximo até 2024, no Tesouro Direto temos títulos de dívida que vencem em 2055!

O lado negativo, e muito pouco compreendido, do Tesouro Direto é a chamada **marcação a mercado**. Isso significa que os preços dos títulos irão variar de acordo com a demanda e a oferta do mercado financeiro. Se muitos operadores de mercado venderem o título, o preço cai. No curto prazo, isto é, em menos de um ano, isso gera um risco de mercado. O investidor pode precisar vender por um preço mais baixo que o do valor de compra. Mas se você souber onde investir ou o fizer para o longo prazo, a marcação a mercado não faz a menor diferença. Voltaremos a esta questão na seção 4.4.

4.1 Tipos de Títulos Públicos

Os investimentos disponíveis no site do Tesouro Direto na data de 22/03/2022 são:

4.1. TIPOS DE TÍTULOS PÚBLICOS

Título		Rentabilidade anual	Investimento mínimo	Preço Unitário	Vencimento
TESOURO PREFIXADO 2025	(?)	12,24%	R$ 36,28	R$ 725,60	01/01/2025
TESOURO PREFIXADO 2029	(?)	12,16%	R$ 32,23	R$ 460,46	01/01/2029
TESOURO PREFIXADO com juros semestrais 2033	(?)	12,22%	R$ 35,86	R$ 896,59	01/01/2033
TESOURO SELIC 2025	(?)	SELIC + 0,0500%	R$ 114,53	R$ 11.453,14	01/03/2025
TESOURO SELIC 2027	(?)	SELIC + 0,1737%	R$ 113,72	R$ 11.372,39	01/03/2027
TESOURO IPCA+ 2026	(?)	IPCA + 5,50%	R$ 30,48	R$ 3.048,37	15/08/2026
TESOURO IPCA+ 2035	(?)	IPCA + 5,75%	R$ 37,08	R$ 1.854,19	15/05/2035
TESOURO IPCA+ 2045	(?)	IPCA + 5,75%	R$ 31,85	R$ 1.061,75	15/05/2045
TESOURO IPCA+ com juros semestrais 2032	(?)	IPCA + 5,70%	R$ 39,71	R$ 3.971,56	15/08/2032
TESOURO IPCA+ com juros semestrais 2040	(?)	IPCA + 5,78%	R$ 39,80	R$ 3.980,06	15/08/2040
TESOURO IPCA+ com juros semestrais 2055	(?)	IPCA + 5,81%	R$ 40,52	R$ 4.052,69	15/05/2055

Figura 4.1: Investimentos Disponíveis no Tesouro Direto em 22/03/2022

A Figura 4.1 é um simples *print* da página do Tesouro Nacional. Na sua corretora ou banco, você deve encontrar a seção relativa aos títulos disponíveis para o Tesouro Direto. O resultado deve ser muito próximo entre um e outro. Devido à marcação a mercado, porém, os dados apresentados na Figura 4.1 mudarão dia a dia, em três horários diferentes: de manhã, no início e no final da tarde.

Em relação à forma de remuneração, temos três tipos de títulos públicos na Figura 4.1: indexados ao IPCA (inflação), prefixados e indexados à Selic. Para os dois primeiros, temos subgrupos de títulos que pagam cupom e aqueles que não pagam. O cupom é um pagamento intermediário realizado a cada seis meses (veja seção 2.3.1).

A grande diferença entre dívidas prefixadas e pós-fixadas é o risco inflacionário. Quando comparamos dívidas para o mesmo emissor (devedor) e mesmo vencimento, o **tipo pós-fixado será sempre menos arriscado**. Para as prefixadas, devido ao fato de que a inflação futura é desconhecida e o retorno é definido antecipadamente, é possível que o investimento não retorne maior do que a inflação, lesando o credor (comprador da dívida). Nas pós-fixadas isso não acontece, pois a própria inflação futura é usada para calcular o retorno efetivo do investidor. Assim, independentemente da inflação, o investidor dos títulos pós-fixados garante retorno real caso leve o contrato até o vencimento.

Note na coluna *Vencimento* como os títulos podem vencer em datas longas. O produto *Tesouro IPCA com juros semestrais 2055*, por exemplo, vence em 15/05/2055. Saliento que, em todo o mercado de renda fixa no Brasil, esse é o maior horizonte possível para investimentos em títulos de dívida.

Avançando, a coluna *Taxa de Rendimento* mostra o retorno contratável para cada tipo de título. A interpretação desta coluna depende do produto. Por exemplo, o retorno contratável de 12,24% ao ano no *Tesouro Prefixado 2025* é nominal, isto é, você garante

4.1. TIPOS DE TÍTULOS PÚBLICOS

que o investimento renderá este percentual anual desde que mantenha o contrato até o vencimento em 01/01/2025.

Já no título *Tesouro IPCA+ 2026*, os juros de 5,5% são pós-fixados e contratam o rendimento de IPCA + 5,5%. Portanto, note que os valores da coluna *Taxa de Rendimento* não são comparáveis entre diferentes tipos de títulos de dívida. Enquanto o prefixado mostra o retorno nominal, o retorno do pós-fixado em IPCA é um valor adicional acima de um índice.

Na última coluna temos o valor mínimo de aporte para o investimento e o preço unitário de cada título. O valor mínimo é calculado como uma fração do preço unitário. Ou seja, você pode comprar uma menor parte do título público caso não tenha capital para o contrato inteiro. Ao contrário de alguns produtos bancários e fundos, o investimento mínimo no Tesouro Direto é muito baixo. Veja na Figura 4.1 que com apenas R$ 30,22 já seria possível comprar uma fração do título *Tesouro IPCA+ 2035*.

Agora vamos conhecer melhor cada tipo de investimento disponível no Tesouro Direto. É importante entender as peculiaridades dos títulos públicos, pois estas irão guiar a nossa política de investimentos no capítulo 7.5.

4.1.1 Tesouro Prefixado

O Tesouro Prefixado é um tipo de dívida que paga ao comprador uma taxa pré-contratada de retorno. O mecanismo de remuneração é muito semelhante à caderneta de poupança. As principais diferenças são o tempo de vencimento – a dívida do Tesouro Prefixado acaba em data pré-definida – e a flutuação do retorno contratável devido à marcação a mercado. Na poupança não se tem flutuação alguma do retorno em relação à demanda do produto (veja seção 3.1).

No *Tesouro Prefixado* sabe-se por convenção que, na data de vencimento, cada título pagará ao comprador exatamente R$ 1.000.

A diferença entre R$ 1.000 e o valor de compra é o que define o retorno nominal total do investidor. Quando o investidor quiser se desfazer do Tesouro Prefixado, basta vender o título aos preços de mercado. Se assim for feito, o retorno monetário do investidor será proporcional ao tempo que deixou dinheiro aplicado.

Por exemplo, para o *Tesouro Prefixado 2025* disponível na Figura 4.1, o investidor que comprar na data de 22/03/2022 e segurar (não vender) o título até a data de vencimento em 01/01/2025, terá garantido 12,24% de retorno anual antes dos impostos e custos. Isso equivale a 37,82% (1000/725.6 - 1) de retorno total nos dois anos até o vencimento. Deixando claro, este juro anual somente é garantido se o investidor mantiver o título até o vencimento. Caso vender antes, ficará à mercê dos preços negociados a mercado, os quais podem, em um cenário desfavorável e pouco provável, resultar em um retorno efetivo menor que o contratado.

O fluxo financeiro do *Tesouro Prefixado 2025* é bastante simples. Cada unidade sempre paga R$ 1.000 na sua data de vencimento. Portanto, o valor de compra deste título sempre será menor que R$ 1.000. Caso contrário não haveria lucro para o investidor e ninguém em sã consciência compraria a dívida. Veja, por exemplo, que o preço do *Tesouro Prefixado 2025* em 22/03/2022 era de R$ 725,60.

Nessa mesma data, caso você comprasse 10 unidades deste contrato financeiro pelo valor total de R$ 7.256, em 22/03/2022 receberia exatamente R$ 10.000 antes dos impostos.

Para entender melhor a dinâmica de mercado deste tipo de dívida, vamos visualizar o histórico de preços de um título prefixado que já venceu, o *Tesouro Prefixado 2018*. A seguir, na Figura 4.2, apresento todo o histórico de preços deste título, desde sua emissão em 27/01/2014 até o último dia de negociação no mercado em 27/12/2017. Destaco que apenas preços nominais são apresentados. Taxas e impostos relativos ao momento da operação do Tesouro Direto não estão inclusos na análise. Trataremos destes

4.1. TIPOS DE TÍTULOS PÚBLICOS

em seção futura.

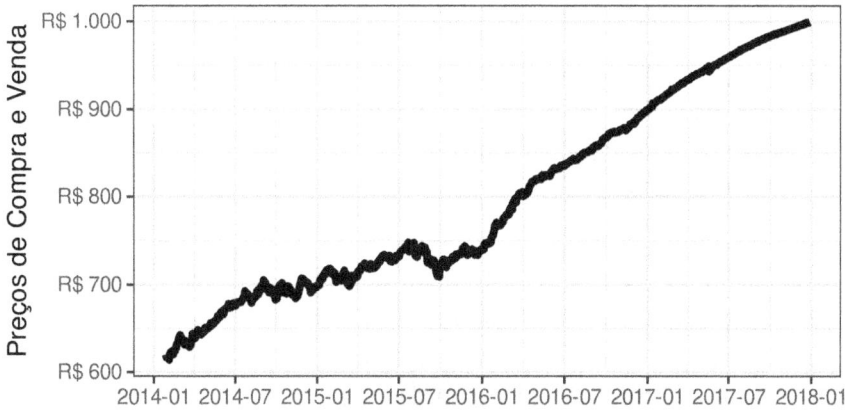

Figura 4.2: Preços do Tesouro Prefixado 2018

Note o formato linear e ascendente do preço do *Tesouro Prefixado 2018*. É o típico comportamento do valor do portfólio em investimentos na renda fixa. Vale salientar que o investidor poderia comprar e vender a qualquer preço do gráfico. Bastaria entrar no sistema de *home broker* do banco ou corretora e enviar a ordem de compra ou venda. Por exemplo, alguém que tenha comprado no primeiro dia da emissão em 27/01/2014 por R$ 619,76 poderia ter vendido em 01/07/2015 por R$ 733,26. Observe também a variação dos preços do *Tesouro Prefixado 2018*. O preço do título se move de acordo com a demanda e a oferta do mercado. Esta variação se dá no mercado secundário de títulos públicos, onde instituições bancárias e financeiras compram e vendem a dívida pública. Os preços do Tesouro Direto replicam os preços do mercado secundário, mas não o influenciam. Isto é, se uma pessoa física comprar ou vender muito contratos do Tesouro Direto, independentemente do valor, o preço não mudará. Esse é um aspecto peculiar e positivo do Tesouro Direto, pois a liquidez é garantida pelo governo federal.

Em julho de 2015, no auge de um período de instabilidade, os preços do Tesouro Prefixado caíram bastante. Um investidor que tivesse comprado nessa data e vendido em dois meses teria um prejuízo. **Um dos remédios contra a oscilação de preços no Tesouro Direto é justamente ser paciente e aguardar.** Em qualquer situação não apocalíptica[1], é quase impossível o preço de um título prefixado não subir com o tempo.

Para entender esse efeito, lembre-se que 1) o governo federal é um ótimo credor e as chances de calote em dívida pública são mínimas, e que 2) o Tesouro prefixado sempre paga R$ 1.000 no vencimento. Quem não gostaria de pagar menos para receber R$ 1.000 com grande certeza no futuro? Se o governo federal lhe oferecesse R$ 1.000 daqui a um mês pelo preço de R$ 500 hoje, você aceitaria? Certo que sim. A avaliação do mercado é semelhante e faz com que o preço naturalmente aumente com o tempo. Pelo próprio gráfico de preço pode-se notar que quanto mais próximo do vencimento, menor será a incerteza e mais linear irá se tornar o comportamento de um título prefixado.

Para entender ainda melhor o efeito da marcação a mercado em um título prefixado, vamos simular o valor do investimento de uma pessoa que compra o *Tesouro Prefixado 2018* a cada início de ano e o vende no final, repetindo esta operação para todos os anos desde o lançamento do título de dívida. Para simplificar, aqui não levaremos em conta os custos e impostos.

Os resultados obtidos são apresentados na Tabela 4.1. Observe que o retorno contratado em cada operação não foi exatamente igual ao retorno efetivo das vendas de final de ano. O ano de 2015

---

[1] Um cenário apocalíptico é quando o governo federal dá calote em todos os investidores e a economia do Brasil simplesmente para de funcionar.

4.1. TIPOS DE TÍTULOS PÚBLICOS

Tabela 4.1: Simulação de Compra e Venda de Tesouro Prefixado 2018

Ano	Preço Compra	Preço Venda	Ret. Contratado	Ret. Nominal Efetivo
2014	R$ 619,76	R$ 698,52	13,02%	12,71%
2015	R$ 698,52	R$ 739,41	12,83%	5,85%
2016	R$ 739,41	R$ 898,64	16,47%	21,53%
2017	R$ 899,12	R$ 999,47	11,41%	11,16%

foi o período com maior discrepância. O investidor que comprou *Tesouro Prefixado 2018* no início de 2015 contratou um retorno de 12,83% ao ano. Porém, ao vender o título no final de 2015, o retorno nominal foi de apenas 5,85%.

Saliento que, para qualquer uma dessas compras no início do ano, se o investidor não tivesse vendido e mantivesse até o vencimento em 01/01/2018, o retorno contratado seria exatamente igual ao retorno anualizado. A mensagem aqui é clara: **Quando comprar títulos prefixados no Tesouro Direto, programe-se para resgatar o dinheiro apenas no vencimento.** A melhor maneira de investir no Tesouro Direto não é apostando em subidas e quedas de preço. Por exemplo, no início de 2016 seria impossível antever o comportamento do mercado e saber que o título subiria de preço tão fortemente. Como investidor de longo prazo, você deve valorizar e priorizar a certeza de retorno ao manter o título em carteira até a data de vencimento.

O lado negativo do título *Tesouro Prefixado* é o risco inflacionário. Ao fixar o retorno nominal futuro neste tipo de dívida, o investidor fica à mercê da subida dos preços. Por exemplo, imagine que você comprou um *Tesouro Prefixado* com vencimento em cinco anos e retorno contratado de 10%. Neste período, a inflação foi de 12% e corroeu o retorno nominal. No final das contas, o investidor teria perdido dinheiro, com um retorno real negativo de -1,79%.

Para minimizar este risco inflacionário no Tesouro Direto, o ideal é investir em vários títulos diferentes, criando uma carteira diversificada. Iremos voltar a esta questão no capítulo 7.

4.1.2 Tesouro Prefixado com Juros Semestrais

O *Tesouro Prefixado com Juros Semestrais* é muito semelhante ao seu irmão, o *Tesouro Prefixado*. A única diferença é o pagamento de juros semestrais (cupons) no dia primeiro de janeiro e julho de cada ano. Anualmente, estes cupons somam 10% do valor do investimento. O percentual de 10% é definido de forma fixa no contrato financeiro e não tem relação alguma com os preços do título. Ou seja, se você comprou um *Tesouro Prefixado com Juros Semestrais* com taxa contratada de 9,2% ao ano, a cada semestre receberá aproximadamente 4,88% do valor nominal do investimento, o que equivale a 10% anual em juros compostos.

Na prática, o pagamento do cupom é como se o investidor automaticamente vendesse parte do título para fazer caixa. O fato de pagar cupons não indica necessariamente que o investidor ganhará mais dinheiro. O valor dos juros pagos no semestre é descontado do valor do título, juntamente com o Imposto de Renda sobre o ganho de capital. De um lado, ganha-se o valor do cupom, e de outro perde-se no preço do título.

Devido à sua dinâmica, o *Tesouro Prefixado com Juros Semestrais* é recomendado para casos onde é necessário gerar dinheiro em caixa. Por exemplo, se você é aposentado e já vive de rendimentos do mercado financeiro, talvez seja interessante você comprar este título. Para a grande maioria dos investidores que estão em processo de formação de patrimônio, não existe vantagem alguma em comprar *Tesouro Direto com Juros Semestrais* e pagar imposto. O melhor é deixar o dinheiro capitalizando durante um longo período. A prorrogação do pagamento do imposto até o vencimento faz com que o valor resgatado seja muito maior.

4.1. TIPOS DE TÍTULOS PÚBLICOS

Para entender melhor o título *Tesouro Prefixado com Juros Semestrais*, vamos analisar o comportamento dos preços deste contrato na Figura 4.3.

Figura 4.3: Preços do Tesouro Prefixado com Juros Prefixados 2017

Note como o gráfico de preço em 4.3 não apresenta o mesmo ângulo de subida de preço em comparação ao *Tesouro Prefixado 2018* da Figura 4.2. Note também um padrão de *serrote*, com quedas bruscas no preço a cada seis meses. Este é resultado dos pagamentos intermediários em janeiro e julho de cada ano. Como já foi colocado anteriormente, o investidor recebe o valor dos juros semestrais, mas, ao mesmo tempo, tem a queda proporcional no preço do título. Se o valor dos juros não for reinvestido, o investidor abre mão de retorno futuro, prejudicando a formação dos juros compostos.

A sugestão aqui é clara: **só compre o *Tesouro Prefixado com Juros Semestrais* se você realmente precisar de fluxo de**

caixa, isto é, dinheiro depositado em sua conta. Se você pretende reinvestir todos os cupons, faz muito mais sentido comprar o *Tesouro Prefixado* que não tem pagamentos intermediários. Deste modo, o rendimento é automaticamente reinvestido e o Imposto de Renda é pago apenas na data de expiração ou resgate do título. O efeito da prorrogação de pagamento de Imposto de Renda não é negligenciável.

4.1.3 Tesouro IPCA+

O título *Tesouro IPCA+* é uma dívida pós-fixada sem pagamento de cupons intermediários e que remunera inflação, medida pelo IPCA (veja seção 2.3.2), somada a um prêmio. Os diferenciais deste título são seus **longos prazos** e sua **garantia de retorno real**. Devido à forma como o retorno do investimento é calculado em função da inflação futura, aquele investidor que levar o título até o vencimento garantirá retorno real positivo. Note que neste título o valor resgatado nunca é conhecido de antemão, uma vez que a inflação futura também não é conhecida. Isso é bastante diferente do título prefixado, onde se sabe com exatidão o valor a ser resgatado.

Assim como para os demais títulos, o *Tesouro IPCA+* também possui marcação a mercado. Veja a seguir o comportamento do preço do Tesouro IPCA+ 2019 desde seu lançamento.

Os preços do Tesouro IPCA+ 2019 possuem a mesma inclinação encontrada para o *Tesouro Prefixado 2018*. A forma de crescimento do preço, porém, é mais complexa no caso do IPCA+[2]. De forma simples, um índice é calculado de tempos em tempos para registrar a evolução da inflação. O valor do título é uma função deste índice e do prêmio contratado.

Para verificar o efeito da marcação a mercado, vamos novamente

---

[2] Veja as notas metodológicas sobre a formação de preço para o Tesouro IPCA disponíveis no site do Tesouro Nacional

4.1. TIPOS DE TÍTULOS PÚBLICOS

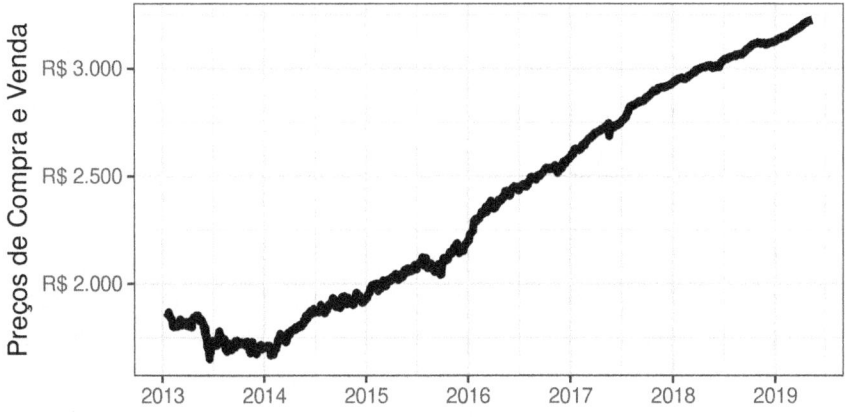

Figura 4.4: Preços do Tesouro IPCA+

checar os retornos que um investidor teria se tivesse comprado e vendido Tesouro IPCA+ 2019 a cada virada de ano. O resultado é apresentado na Tabela 4.2.

Tabela 4.2: Simulação de Compra e Venda de Tesouro IPCA+ 2019

Ano	Preço de Compra	Preço de Venda	Ret. Real Contratado	Ret. Real Efetivo
2013	R$ 1.865,62	R$ 1.706,94	2,88%	-0.136
2014	R$ 1.707,80	R$ 1.932,88	6,20%	0.064
2015	R$ 1.932,88	R$ 2.199,20	6,21%	0.028
2016	R$ 2.199,20	R$ 2.586,32	7,23%	0.106
2017	R$ 2.589,75	R$ 2.931,00	5,80%	0.099
2018	R$ 2.934,25	R$ 3.124,57	2,57%	0.026
2019	R$ 3.126,10	R$ 3.224,89	2,72%	-0.011

Note como o investidor que comprou e vendeu ao longo dos anos teria altos e baixos em termos de retorno. Reforço novamente que o investidor que não levar o título ao vencimento, seja prefixado ou pós-fixado, poderá não ter a remuneração contratada no momento da compra. Note na Tabela 4.2 como o retorno real contratado apresenta-se bastante diferente do retorno real obtido no investimento. Como já foi comentado anteriormente, a melhor estratégia para o Tesouro Direto, independentemente do tipo de título, continua sendo comprar o título e manter até o vencimento.

O *Tesouro IPCA* é um dos melhores títulos para o investidor de longo prazo. Primeiro, a remuneração atrelada à inflação garante um retorno real positivo. Segundo, o contrato de dívida possui alta liquidez. Caso necessário, é possível resgatar o dinheiro de forma antecipada, antes do vencimento. Terceiro, os longos prazos contratáveis dessa dívida são um prato cheio para aqueles que buscam construir um patrimônio através dos juros compostos.

4.1.4 Tesouro IPCA+ com Juros Semestrais

O título de dívida *Tesouro IPCA+ com Juros Semestrais* possui o mesmo formato de replicação do IPCA de sua versão sem pagamento de cupom. A diferença está no pagamento de juros semestrais a uma taxa equivalente a 6% ao ano. As datas específicas variam de acordo com o ano de vencimento.[3] Efetivamente, a cada semestre o dono do título recebe aproximadamente 2,95% do valor atual investido. Porém, assim como para o *Tesouro Prefixado com Juros Semestrais*, o valor do cupom sai do preço do título. Veja o formato da curva de preços do título *Tesouro IPCA+ com Juros Semestrais 2020* na Figura 4.5.

O formato serrilhado dos preços também está presente na Figura 4.5, apesar de não ser tão óbvio quanto na Figura 4.3 devido à diferença entre as taxas de cupom. Uma vantagem do *IPCA+ com Juros Semestrais* em relação ao *Tesouro Prefixado com Juros*

---

[3]Veja a tabela completa aqui.

4.1. TIPOS DE TÍTULOS PÚBLICOS

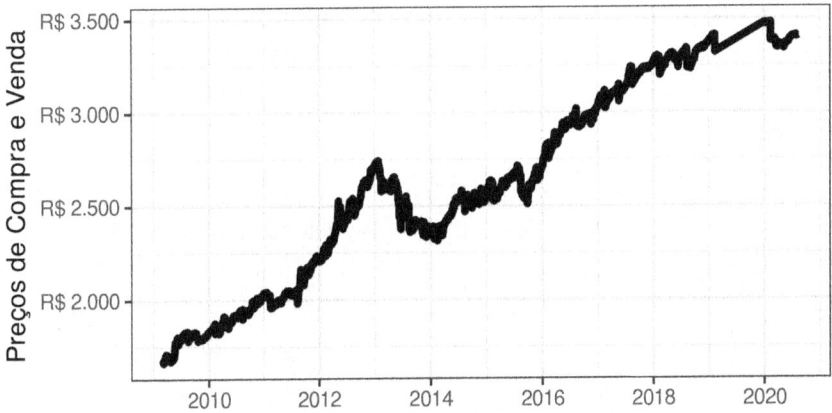

Figura 4.5: Preços do Tesouro IPCA+ com Juros Semestrais

Semestrais é a possibilidade de manter o investimento por um longo período. Note como o título foi emitido em meados de 2009 com vencimento em 2020.

A sugestão de compra do *Tesouro IPCA+ com Juros Semestrais* é a mesma que para o *Tesouro Prefixado com Juros Semestrais* – apenas o faça se tiver necessidade de fluxo de caixa. Caso você não esteja precisando de dinheiro ou tenha outras fontes, o melhor é investir nos títulos que não pagam cupons semestrais e, assim, prorrogar a data de pagamento do imposto sobre o ganho de capital.

4.1.5 Tesouro Selic

O instrumento de dívida *Tesouro Selic* paga a taxa Selic (veja seção 2.3.3), mas sem adicional algum no retorno, ao contrário do Tesouro IPCA+ que paga um prêmio acima da inflação. Este é, sem dúvida, o investimento menos arriscado do Tesouro Direto e também do mercado financeiro como um todo. O lado negativo é que a sua performance em termos de retorno tende a ser menor em relação aos demais títulos. Vamos analisar os preços dos contratos de Tesouro SELIC 2017 para entender melhor este tipo de dívida.

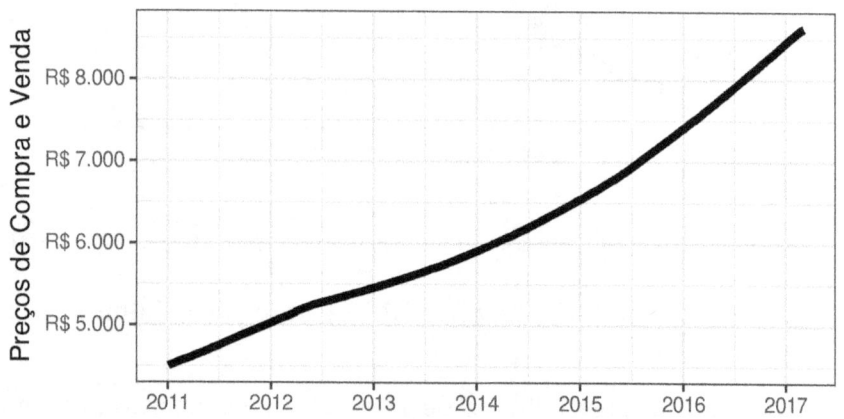

Figura 4.6: Preços do Tesouro Selic 2017

Na Figura 4.6, note como a curva de preços é praticamente uma linha reta em ângulo de subida, mostrando claramente a robustez deste tipo de investimento. A título de curiosidade, ao longo dos 1546 dias de negociação do *Tesouro Selic 2017*, em apenas 33 ele apresentou queda de preço entre um dia e outro. Quando olhamos na frequência mensal, em nenhum mês é possível observar uma queda de preço.

Portanto, apesar da marcação a mercado, investidores de curto e de longo prazo estariam bastante seguros ao investir seu capital neste título. Saliento que esta propriedade não é específica do

4.1. TIPOS DE TÍTULOS PÚBLICOS

Tesouro Selic 2017, sendo encontrada em qualquer investimento do tipo *Tesouro Selic*.

A tabela com os retornos anuais não mente. É quase impossível perder dinheiro neste investimento. Veja a seguir.

Tabela 4.3: Simulação de Compra e Venda de Tesouro SELIC 2017

Ano	Preço de Compra	Preço de Venda	Ret. Nominal Efetivo
2011	R$ 4.501,44	R$ 5.022,53	11,58%
2012	R$ 5.024,60	R$ 5.451,35	8,49%
2013	R$ 5.452,87	R$ 5.900,86	8,22%
2014	R$ 5.903,07	R$ 6.543,06	10,84%
2015	R$ 6.543,04	R$ 7.411,85	13,28%
2016	R$ 7.411,83	R$ 8.450,77	14,02%
2017	R$ 8.450,71	R$ 8.627,71	2,09%

Note como todos os retornos anuais na Tabela 4.3 são positivos. O retorno de 2017 foi baixo, pois o título venceu em março do mesmo ano e, portanto, não teve tempo suficiente para capitalizar como nos demais anos.

Devido a seu baixo risco e alta liquidez, o *Tesouro Selic* é muitas vezes comparado com a caderneta de poupança. Atualmente, enquanto a poupança paga 70% da Selic sem custos operacionais ou tributários, o *Tesouro Selic* paga 100% da Selic, porém com o custo do Imposto de Renda.

Para prazos curtos, de menos de um ano, os retornos entre os dois são comparáveis porque a taxa de Imposto de Renda no Tesouro Direto é mais alta (22,5%). No longo prazo, à medida que a taxa de imposto diminui (veja seção 2.4), a rentabilidade do *Tesouro Selic* destoa da caderneta de poupança. Veja uma simulação prática na Figura 4.7, onde calcula-se o valor resgatável do *Tesouro*

Selic 2017 e a caderneta de poupança para um investimento inicial de R$ 1.000.

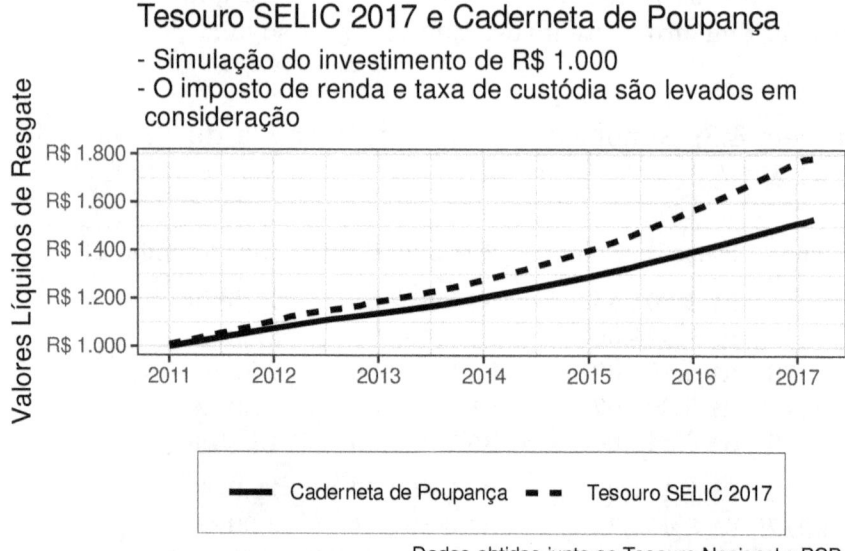

Figura 4.7: Valores Resgatáveis para Tesouro Selic e Poupança

Como esperado, o *Tesouro Selic 2017* teve um retorno acumulado semelhante à caderneta de poupança nos primeiros anos. Após isso, com a queda do Imposto de Renda, abre-se uma distância saudável entre a remuneração líquida dos dois investimentos. A mensagem aqui é: para horizontes curtos, de menos de um ano, investir em *Tesouro Selic* ou caderneta de poupança faz pouca diferença. Apesar da maior remuneração bruta do *Tesouro Selic*, o Imposto de Renda no curto prazo faz com que a remuneração líquida seja próxima à da poupança. Com o tempo a balança se inverte à medida que o imposto de renda diminui, fazendo com que o *Tesouro Selic* apresente maior retorno líquido para prazos mais longos.

4.2 Custos e Impostos para o Tesouro Direto

A compra e a manutenção de títulos do Tesouro envolvem alguns custos operacionais e tributários. O principal custo operacional é cobrado pela B3 e é chamado de *taxa de custódia*. O valor atual é de 0,25% anual do valor investido, mas com pagamento semestral. Nos primeiros dias de janeiro e julho de todo ano um valor de aproximados 0,125% do valor de mercado dos títulos é cobrado pela corretora.

Aqui o investidor tem duas opções sobre como pagar. A primeira é mandar dinheiro novo para a corretora de forma a cobrir o custo. Geralmente o envio de dinheiro via TED tem um custo fixo e é importante verificar se esta opção é mais vantajosa para você. A segunda maneira é simplesmente vender uma pequena quantidade dos títulos para fazer frente ao custo. Devido ao baixo valor, essa venda não impactará significativamente a formação dos juros compostos. Note que, se não for pago, a corretora irá ressarcir a B3 e cobrar de você com juros. Portanto, esteja atento a estas cobranças semestrais. A B3 geralmente avisa via e-mail a cobrança da custódia.

Outro custo é a taxa de manutenção por parte da corretora ou banco. Muitos não cobram, porém é importante checar caso a caso. Verifique com seu banco ou corretora se existe alguma taxa de manutenção para o Tesouro Direto. Pesquise também quando essa taxa é cobrada e planeje para que a sua conta com o banco ou corretora tenha saldo suficiente para arcar com a despesa.

No lado tributário, duas taxas incidem sob o Tesouro Direto. A primeira é o **imposto sobre ganho de capital** e a segunda é o **IOF (Imposto sobre Operações Financeiras)**, cobrado em operações de curtíssimo prazo. Veja seção 2.4 para mais detalhes sobre ambas as taxas e suas alíquotas. Um exemplo: se você comprou um título do Tesouro por R$ 100 e vendeu por R$ 150 após três anos, pagará R$ 7,50 de imposto de renda (15% do lucro nominal de R$ 50). O valor líquido de resgate será, portanto, R$ 142,50).

O tratamento tributário do Tesouro Direto reforça o recorrente mantra de investimento no longo prazo. Para ter um custo mínimo de operação no Tesouro direto **você deve sempre procurar investir para um horizonte maior que dois anos**. Neste caso, o imposto sobre ganho de capital é de 15% e o IOF não é cobrado.

4.3 A Liquidez do Tesouro Direto

A liquidez do Tesouro Direto – capacidade de resgatar os títulos – é alta, mas possui algumas peculiaridades. Primeiro, só é possível vender títulos do Tesouro se o mercado estiver aberto. Os horários atuais de funcionamento são das 09h30 até as 18h00 de todos os dias úteis. É possível pedir o resgate em dia não útil, tal como no final de semana, mas o contrato só será liquidado na próxima abertura do mercado.

Após o pedido de resgate, o dinheiro cai em conta em D+1 ou D+2, dependendo da corretora. Portanto, saiba que, ao contrário da caderneta de poupança, o resgate do Tesouro Direto não é instantâneo. Fique atento também aos resgates no final de semana. Se pedir o resgate no sábado, a ordem de liquidação será dada na segunda-feira e o dinheiro só entrará em conta na terça (D+1) ou quarta (D+2).

O mercado do Tesouro Direto também pode fechar de forma arbitrária. O caso mais comum é quando a volatilidade (variação dos preços) dos títulos for muito alta no mercado secundário. Quando isso acontece, os preços do Tesouro Direto podem não corresponder à realidade dos preços de mercado. Lembre-se que o Tesouro Direto copia os preços do mercado secundário. Se os preços estiverem oscilando muito, entre uma atualização e outra no Tesouro

Direto pode ocorrer uma diferença muito grande entre preço ofertado e preço real.

Se assim for, os técnicos do Tesouro suspendem a plataforma do Tesouro Direto até a normalização dos preços. Isso geralmente ocorre quando existe um grande choque no sistema financeiro, tal como no episódio do *Joesley Batista*, onde a bolsa de valores caiu mais de 10% em um dia e o Tesouro Direto fechou pelo dia.

Claro que um choque de volatilidade não ocorre todos os dias. Mas, para o investidor, é importante entender que a liquidez do Tesouro Direto tem essas peculiaridades. É possível que isso o afete diretamente algum dia. Razão esta para manter dinheiro de fácil acesso em uma reserva de emergência, tal como na caderneta de poupança. Falaremos mais sobre isso no capítulo 7.

4.4 A Marcação a Mercado e seus Efeitos

A marcação a mercado é um efeito simples, mas pouco compreendido. Dizer que um investimento é marcado a mercado é afirmar que o seu preço irá variar de acordo com a demanda e a oferta dos participantes do mercado financeiro. Para o Tesouro Direto, os preços encontrados na plataforma são *copiados* do mercado secundário de títulos públicos, onde grandes bancos e fundos financeiros participam. Se muitos decidirem comprar os títulos públicos, os preços sobem. Se muitos quiserem vender, os preços caem.

O que faz a demanda e a oferta variarem de um dia para outro é a chegada de notícias. Quando uma notícia boa sai a respeito da economia brasileira e o mercado recebe positivamente, o percebimento do perfil de risco do Brasil melhora, mais investidores compram os títulos de dívida nacional, e os preços aumentam. Note que isso faz com que o retorno contratável diminua. Lembre-se da relação direta entre risco e retorno: se um contrato de dívida ficou menos arriscado, então o retorno deve diminuir.

Para entender esse efeito na prática, considere o seguinte exemplo: um título prefixado sem cupom que vence e paga R$ 1.000 em um ano está cotado a R$ 900 no mercado. Neste caso, o retorno contratável é de 11,11% (1000/900-1) anual. Logo em seguida sai na mídia uma notícia boa sobre a economia brasileira, sugerindo uma melhora da capacidade do governo de pagar suas contas. O aumento da demanda pelo título faz com que o seu preço suba de R$ 900 para R$ 950. O retorno contratável, portanto, cai para 5,26%. Este é simplesmente um efeito matemático do aumento do custo de entrada no investimento. Lembre-se que o título prefixado sem cupom sempre paga R$ 1.000 no vencimento. Portanto, ao aumentar o custo inicial de entrada de R$ 900 para R$ 950, a remuneração contratada do investidor deve necessariamente baixar.

O humor do mercado financeiro é notório e nem sempre segue alguma lógica. Quedas e aumentos de preços podem até acontecer sem a chegada de informações novas. Boatos e mentiras também são comuns. O mercado é formado por uma quantidade muito grande de pessoas e instituições, incluindo investidores estrangeiros, que compram e vendem os títulos da dívida pública brasileira. Isso significa que um problema na Ásia tem potencial de afetar o mercado brasileiro na medida em que os operadores asiáticos são forçados a vender suas posições e fazer caixa. A variação de preços é, portanto, um efeito conhecido e esperado. Saiba que antecipar as mudanças de preço é impossível para o investidor comum. Até mesmo para aqueles com acesso a informações privilegiadas, legais ou não, acertar os movimentos do mercado é muito difícil.

Particularmente no mercado de renda fixa, um dos maiores fatores que definem a variação de preço é o custo do dinheiro. Lembre-se que na seção 2.3.3 mostramos como a **taxa Selic afeta todas as demais taxas do mercado**. Isto inclui o mer-

4.4. A MARCAÇÃO A MERCADO E SEUS EFEITOS

cado do Tesouro Direto. Como exemplo, na Figura 4.8 apresento uma comparação entre os valores da meta da Selic e os retornos contratáveis para o *Tesouro Prefixado 2018*.

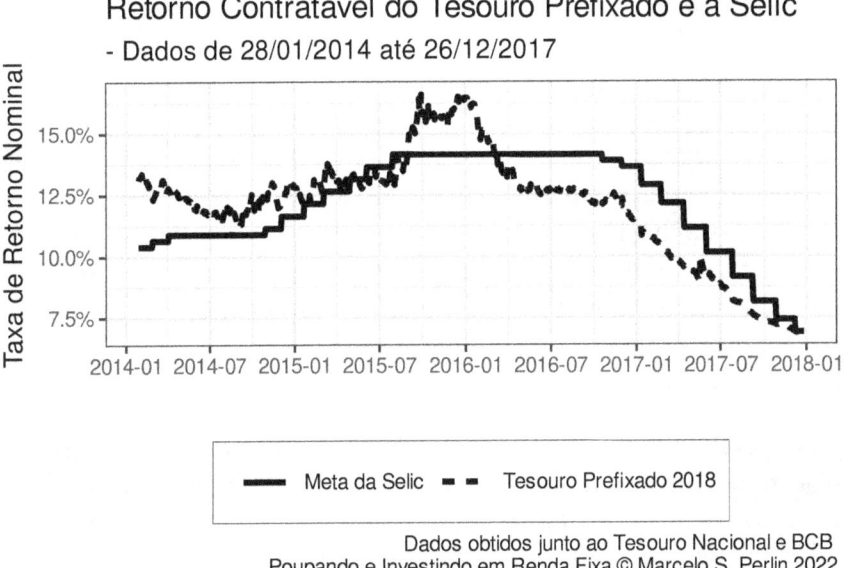

Figura 4.8: Retornos Contratáveis do Tesouro Prefixado 2018

Note como as taxas contratáveis do *Tesouro Prefixado 2018* na Figura 4.8 variaram em toda a sua história, refletindo expectativas diferentes do mercado. Note também que atualmente estamos em uma das menores taxas de mercado. Em comparação, também fica claro que as taxas contratadas seguem a Selic. Na prática, porém, o processo é mais complexo. As taxas do Tesouro Direto são uma expectativa para o futuro. Note como em 2016 as taxas do *Tesouro Prefixado 2018* caíram antes da Selic. A expectativa era que a taxa básica iria diminuir nos próximos anos, o que de fato ocorreu.

Como investidor, a sua postura frente à marcação a mercado deve ser de passividade. É o problema financeiro mais fácil de resolver, basta não fazer nada! A própria estrutura da dívida faz com que o preço suba no longo prazo. Veja, por exemplo, todas as figuras de preços apresentadas neste capítulo. Tirando aqueles títulos que pagavam cupom, o formato é sempre ascendente.

Para provar o ponto de que o tempo resolve o problema da marcação a mercado, realizarei um experimento com os dados do Tesouro. Imagine que no início de 2002 eu contratei 100.000 macacos para operar em um título do Tesouro Direto qualquer. Cada macaco escolhe 1) a data que irá comprar e 2) a data que irá vender o título. Como os macacos não entendem absolutamente nada sobre finanças ou mercado de capitais, as suas datas de entrada e saída serão aleatórias. Alguns entrarão nos primeiros dias, outros em datas futuras e assim por diante.

Assim que cada macaco vender o título comprado anteriormente, irei registrar qual foi a duração do investimento e qual foi o seu retorno real frente ao IPCA. Repito a operação para cada um dos 100.000 macacos, resultando em diversas operações aleatórias de compra e venda de títulos públicos.

Felizmente, para mim e para os macacos, o computador faz todos estes cálculos de forma eficiente e em pouco tempo.[4] O resultado deste experimento é apresentado na Figura 4.9.

O experimento dos macacos foi repetido para quatro títulos diferentes: Tesouro IPCA+ 2024, Tesouro IPCA+ com Juros Semestrais 2024, Tesouro Prefixado 2015 e Tesouro Selic 2017. Em primeiro lugar, com exceção do *Tesouro IPCA+ com Juros Semestrais 2024*, o horizonte de investimento aumenta de forma consis-

---

[4]Esta é uma técnica de simulação chamada *carteiras aleatórias* (*random portfolios*). De forma breve, define-se um processo gerador dos sinais de compra e venda e simula-se esta operação uma grande quantidade de vezes. Neste caso, o resultado final permite visualizar o efeito do tempo sobre as chances de retorno real no investimento. Veja Burns (2007) para maiores detalhes.

4.4. A MARCAÇÃO A MERCADO E SEUS EFEITOS 113

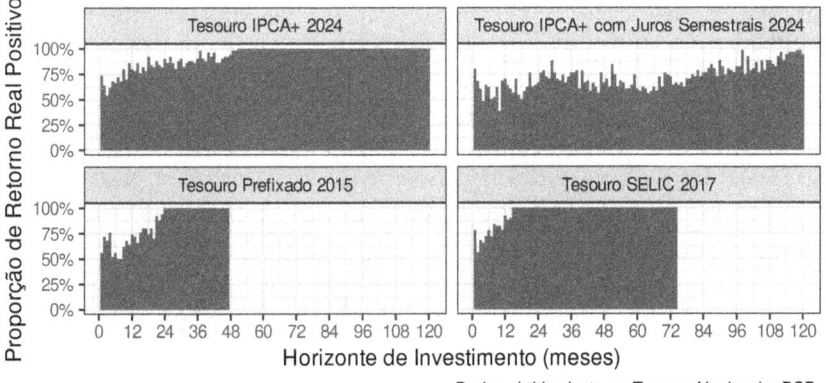

Figura 4.9: Horizonte de Investimento e Retorno Real

tente as chances de retorno real positivo.

Cada título possui sua particularidade. O *Tesouro Selic 2017* é o que mais rapidamente atinge 95% de chance de retorno real positivo, em aproximadamente 14 meses. O segundo mais rápido é o *Tesouro Prefixado 2015*, com 24 meses. Já o Tesouro IPCA+ 2024 leva 52 meses (quatro anos e quatro meses) para atingir 100% de confiança.

Os resultados em 4.9 reforçam o argumento para manter o investimento no longo prazo e mostram que a capacidade do Tesouro Direto em oferecer retorno real é verdadeira e comprovada. Mesmo para horizontes curtos, de menos de seis meses, as chances de retorno real em todos os instrumentos situam-se entre 60% e 70%.

4.5 Especulação no Tesouro Direto

A marcação a mercado e consequente oscilação dos preços no Tesouro Direto cria a falsa esperança de que é possível realizar algum tipo de previsão de curto prazo no mercado financeiro. Essa é uma explicação mais técnica da famosa frase que ouço regularmente: "Vou esperar para investir no Tesouro Direto pois as taxas de juros atuais estão muito baixas".

Como já foi comentado anteriormente, a frase anterior está claramente equivocada. O que realmente importa para o investidor é tempo (perenidade) e aporte (consistência), e não taxa contratada. Para provar este ponto, irei simular duas estratégias de investimentos no Tesouro Direto, definidas a seguir:

Compras no menor preço Esta estratégia sempre irá comprar os títulos do Tesouro Direto pelo menor preço encontrado no mês. Ou seja, é como se o investidor possuisse uma bola mágica que diz, a cada mês, qual será o dia em que o preço a ser comprado será o menor possível. Que fique claro, este é um simples artifício de manipulação dos dados. Na prática, nenhum investidor consegue replicar esta estratégia.

Compras no primeiro dia do mês Esta é a estratégia realista, simulando um investidor que recebe seu salário mensal e aloca regularmente no Tesouro Direto, sem se preocupar com preços e taxas. Nesse caso, todas compras acontecem no primeiro dia útil dos meses.

Agora vamos simular ambas regras de investimento para o título Tesouro IPCA+ 2035. A ideia é buscar entender se, para o investidor que faz aportes frequentes e periódicos, a previsibilidade dos preços faz diferença no valor resgatável final. O resultado é apresentado na Figura 4.10.

Veja na Figura 4.10 como as regras de negociação fazem pouca diferença. Enquanto o uso da bola mágica, compras no menor

4.5. ESPECULAÇÃO NO TESOURO DIRETO

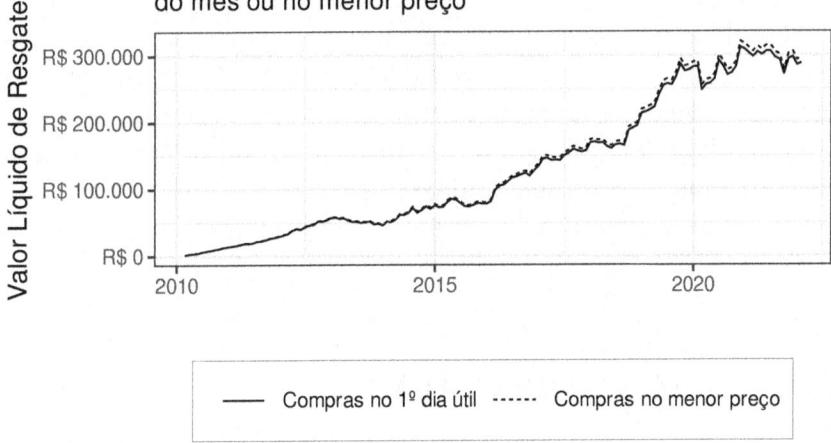

Figura 4.10: Resultado de Regras de Negociação no Tesouro Direto

preço, resultou em R$ 296.395,63 de resgate líquido, o caso realista, compras no primeiro dia útil do mês, resultou em R$ 288.381,55. Mesmo se fosse possível prever de forma perfeita o menor preço do mês, o que não é possível, a diferença de valor líquido resgatado entre este e o caso de compras no primeiro dia útil é de apenas 2,78%.

A conclusão deste estudo é clara. Se um perfeito previsor não consegue fazer grande diferença no valor final do investimento, imagine um ser humano, que irá falhar e errar a maioria das previsões. Em resumo, **não tente prever ou se antecipar ao que vai acontecer no mercado financeiro de juros**. Você não precisa disso para construir seu patrimônio no longo prazo. A dinâmica do mercado financeiro é muito complexa e destituída de previsibilidade. O fato de os juros (ou preços) estarem subindo ou descendo não deve ser levado em conta nos seus aportes mensais. **Siga o plano e aplique seu dinheiro, independentemente das notícias da mídia**. Lembre-se sempre que os maiores fatores para fazer o patrimônio crescer são o **aporte** e o **tempo**, e não a taxa.

4.6 O Risco de Calote

Apesar de baixíssima chance de ocorrência, a possibilidade de calote por parte do governo federal existe e isto gera muita confusão. Como já foi destacado anteriormente, os títulos federais possuem o menor risco de calote em todo o mercado de renda fixa, incluindo bancos e empresas privadas.

Uma particularidade da dívida pública em relação a outros tipos de investimento na renda fixa é que o emissor da dívida é um país soberano que possui instrumentos de controle direto sobre as políticas vigentes. Saiba que a maior parte da dívida do Tesouro Direto é em moeda local. Caso falte capital para pagar as dívidas, o governo pode diminuir seus custos operacionais de forma

4.6. O RISCO DE CALOTE

abrupta, o famoso canetaço, ou aumentar a sua arrecadação via o (indesejável) aumento dos impostos. O Brasil também possui vastas reservas em capital estrangeiro que podem servir de lastro para tomar novas dívidas e pagar as antigas. Em resumo, no caso de falta de recursos, existem diferentes possibilidades de solução do problema.

Outro ponto importante é entender que, no caso de o Brasil dar calote na dívida, o investidor não terá para onde fugir. O efeito será devastador em todos os mercados e produtos financeiros. Num cenário apocalíptico, onde o calote do Tesouro Nacional acontece, investidores locais e internacionais sairiam correndo do mercado a qualquer preço e os juros da economia aumentariam de forma acelerada devida à marcação a mercado. O efeito nos juros se espalharia por todo o mercado de renda fixa, incluindo o bancário. Neste, as pessoas iriam sacar seus depósitos devido ao grande medo de que os bancos quebrassem, a famosa "corrida aos bancos". O FGC, o qual tem em caixa uma baixíssima proporção dos valores emprestados e usa títulos públicos como lastro, não teria saldo para bancar a quebradeira dos bancos.

O dólar subiria para patamares absurdos com a saída do capital estrangeiro do país. Este aumento impactaria diretamente a inflação, pois a grande maioria dos produtos vendidos aqui é importada. Com a inflação e juros altos, a economia definharia, pois a recessão faria com que as pessoas e empresas segurassem os seus gastos. Uma economia engessada não produz e não inova, pois não existem compradores para os seus produtos.

No médio prazo, o mercado de renda variável seria fortemente impactado devido à baixa nos lucros das empresas. Com a intenção de diminuir custos fixos, demissões em massa seriam frequentes, aumentando o desemprego e a violência urbana. Consequentemente, o governo arrecadaria menos e estaria mais longe da saúde fiscal. Não preciso nem dizer que existe um grande incentivo econômico, político e moral para que os gestores públicos não deixem essa situação ocorrer.

No caso de o país falir, não haverá lugar para onde o investidor correr, seja na renda fixa ou na renda variável. Como já falei anteriormente, risco é parte do jogo. Assustei você? Ótimo. Saiba agora que o último ano em que o Brasil deu calote em dívida foi em 1990, um momento bastante delicado de nossa economia. A situação atual e dos últimos 10 anos é, sem dúvida, nada parecida com a de 1990. É possível que aconteça um novo calote nos próximos anos? Sim, mas extremamente improvável. Essa remota possibilidade não justifica de maneira alguma ficar fora do mercado financeiro.

4.7 A Performance do Tesouro Direto

Já falamos sobre a marcação a mercado e o risco do Tesouro Direto. Vamos estudar agora qual foi a performance histórica dos produtos do Tesouro Direto. Isto permite ao investidor criar um termômetro financeiro e entender o quanto foi possível obter de retorno nominal e real ao investir no Tesouro Direto no passado.

Para isso, selecionei os títulos que foram lançados após 2010 e que tivessem no mínimo dois anos de existência. Os títulos que pagam cupom foram excluídos, pois a avaliação do preço não inclui os cupons pagos semestralmente. Para cada um, calculei os retornos nominal e real, ambos anualizados para permitir a comparação. O resultado é apresentado a seguir, na Figura 4.11.

Na Figura 4.11 podemos ver que todos os títulos do Tesouro Direto apresentaram retorno real positivo. Sem dúvida, os retornos históricos do Tesouro Direto são muito atrativos para o investidor. Entre estes, destacam-se aqueles indexados ao IPCA. Esses foram os que mais apresentaram retorno real positivo, com um máximo de 9,55% para o título Tesouro Prefixado 2023. Este é um resultado impressionante para o mercado de renda fixa. Destaco que os últimos 10 anos foram bastante positivos para o Tesouro Di-

4.7. A PERFORMANCE DO TESOURO DIRETO

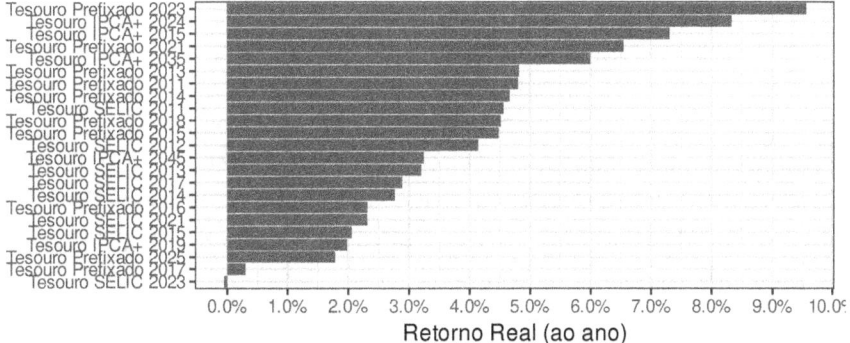

Figura 4.11: Performance dos Títulos do Tesouro Direto

reto, pois a taxa básica da economia, a Selic, baixou muito. Não tenho dúvida de que a taxa de retorno real de 9,55% ao ano na renda fixa será bastante difícil de obter nos próximos anos.

Comparando com os dados para CDBs, vemos claramente como o Tesouro Direto foi superior em termos de performance. O melhor CDB do capítulo 3 foi o CDB IPCA + 6% com 3,94% de retorno real anualizado. Na Figura 4.11 podemos identificar diversos títulos do Tesouro que obtiveram maior retorno real para um período comparável. Relembro que, além de maior retorno, os títulos do Tesouro Direto têm menos risco e liquidez diária. Ou seja, em comparação direta, os CDBs são piores investimentos em retorno e liquidez que o Tesouro Direto.

4.8 Considerações Finais

A plataforma do Tesouro Direto é uma das melhores para o investidor em termos de rentabilidade, liquidez e segurança. Os títulos públicos possuem o menor risco de calote entre todos os disponíveis no mercado. Os próprios bancos e fundos se utilizam dos títulos do Tesouro para formar um lastro de segurança. Lembre-se também que as dívidas do Tesouro podem ser resgatadas a qualquer dia útil depois da compra, com compensação financeira em D+1. Além dessas qualidades, os retornos reais históricos do Tesouro Direto são maiores do que todas as alternativas. Não tenha dúvida de que o investidor de renda fixa não pode ficar fora do mercado do Tesouro Direto.

Capítulo 5

Fundos de Renda Fixa

Fundos de investimento em renda fixa são uma opção para aqueles investidores que não querem se envolver na administração dos seus recursos. **A gestão do capital e as decisões de compra e venda são delegadas a um terceiro.** É uma forma bastante passiva de o investidor participar do mercado financeiro. Este funciona semelhante a um clube, basta comprar as cotas do fundo para ser sócio. O capital dos cotistas é alocado em diferentes instrumentos e o lucro, após o pagamento dos custos de gestão, é compartilhado proporcionalmente ao número de cotas em posse dos participantes.

Aqui temos o papel do gestor do fundo, um profissional do mercado, o qual irá tomar as decisões de alocação do capital. Para o cotista, é como se a função de gerenciar o portfólio fosse contratada, com o pagamento de um honorário fixo e variável de acordo com a performance do fundo.

Destaco que esta **passividade é exatamente o contrário do que está sendo aconselhado neste livro**. A ideia colocada aqui é que você mesmo consiga administrar o seu patrimônio. No mercado de renda fixa e no longo prazo, não existe necessidade de pagar alguém para tomar as suas decisões financeiras. Mesmo assim, o estudo da indústria de fundos e de suas peculiaridades o levará a entender melhor como esta parte do mercado financeiro funciona.

A indústria dos fundos ganha dinheiro através das taxas de administração e performance. A primeira é uma taxa fixa paga pelos cotistas e é independente da performance do fundo. Ou seja, a taxa de administração será paga mesmo se o fundo tiver prejuízo entre um ano e outro. A segunda taxa é a de performance, relativa ao retorno obtido pelo fundo acima de um *benchmark*, geralmente um índice amplo que indica a média do mercado, tal como a taxa CDI.

Note que a estrutura de remuneração da gestão do fundo – a taxa fixa de administração – faz com que cada novo cotista aumenta o faturamento e os salários dos gestores. Não surpreende o fato de que os fundos fazem o seu marketing de forma intensa. Não é difícil encontrarmos *rankings* de fundos de acordo com suas rentabilidades históricas. A cada novo ano um fundo e seu gestor tornam-se famosos por apresentarem um alto retorno nominal nos anos anteriores. Isto acontece principalmente na renda variável, onde os retornos podem ser extremos, fazendo brilhar os olhos de muitos investidores. Também não surpreende o fato de que a indústria de fundos se apresenta como a solução para a criação de riqueza dos seus investidores. Não acredite, porém, em tudo que lê e ouve na mídia. As evidências em dados são contrárias a este argumento. Quando olhamos os retornos no longo prazo e em agregado, a indústria de fundos costuma ser um péssimo negócio para o investidor e ótimo para seus gestores.

5.1 Custos e Tributação

No mundo da renda fixa, objeto principal deste livro, a CVM (Comissão de Valores Mobiliários) determina que um fundo é classifi-

5.1. CUSTOS E TRIBUTAÇÃO

cado como renda fixa quando mantém no mínimo 80% de seus investimentos em títulos públicos, debêntures, CDBs, LCIs e LCAs. O restante do portfólio pode ser alocado em instrumentos de *hedge*, uma operação financeira para minimizar o risco de mercado de um portfólio. Basicamente, faz-se uma aposta em um índice financeiro que contrapõe determinado efeito indesejável na carteira.[1] O custo do fundo de renda fixa para o cotista se dá na forma de uma taxa de administração, próxima de 0,5% ao ano. Raros são os fundos de renda fixa que cobram taxas de performance.

O investimento em fundos possui risco de mercado. Apesar de ser pouco plausível que um fundo de renda fixa vá à falência, vale destacar que não existe garantia do FGC. O investidor arca totalmente com o prejuízo financeiro. E mais importante: um fundo de investimento em renda fixa possui uma forma peculiar de pagamento de impostos sobre o ganho de capital, o chamado **come-cotas**. Se a *kryptonita* matava o super-homem, o come-cotas mata o investidor de longo prazo.

Nos produtos bancários e no Tesouro Direto, o imposto é pago **apenas no vencimento, pagamento de cupom ou venda do título de dívida**, isto é, existe um diferimento do imposto para o investidor de longo prazo. Como regra, quanto mais tarde o imposto for pago, melhor.

Nos fundos de renda fixa o imposto é cobrado semestralmente, mesmo que o investidor não tenha movimentado suas cotas. Isso é operacionalizado pela automática redução das cotas mantidas. É como se o investidor vendesse em cada semestre uma pequena

---

[1] Por exemplo, se um gestor possui uma carteira de títulos pré-fixados, seu retorno no curto prazo está atrelado à taxa de juros Selic. Se a Selic cair, os preços sobem – o que é bom para o gestor – e se subir os preços caem – o que é ruim para o gestor. Para contrapor este efeito, o gestor pode comprar um contrato derivativo que suba de preço quando a Selic subir. Assim, ao combinar ambas as operações, o risco de mercado da carteira em relação à taxa Selic é diminuído.

parte das cotas para pagar o Imposto de Renda. Essa movimentação autônoma no número de cotas justifica a clara perversão financeira do nome *come-cotas*.

5.2 O Desempenho dos Fundos de Renda Fixa

Avaliar um fundo de investimento é fácil. O cotista de fundo está pagando pela expertise e entrega de resultados do gestor, preferencialmente um retorno que ele não obteria sozinho. Se o fundo apresentar retorno superior a um investimento comparável após o pagamento das taxas de remuneração da gestão e impostos, então o mesmo vale a pena do ponto de vista do cotista.

O problema aqui é justamente a incapacidade dos fundos de entregar de forma consistente um desempenho acima da média. A literatura em finanças é rica em trabalhos que mostram exatamente isso, os fundos de investimento não conseguem entregar valor para os cotistas após o desconto das taxas e pagamento dos tributos. Veja por exemplo os clássicos trabalhos de Carhart (1997) e Malkiel (1995) no mercado americano. No Brasil temos os artigos de Fernandes Malaquias and Eid Junior (2013), Fonseca et al. (2018), entre vários outros.

Realizei um simples experimento para investigar esta questão. Acessei dados de preços de cotas de todos os fundos negociados no mercado brasileiro pelo Portal Brasileiro de Dados Abertos[2]. Estes preços já incluem as taxas de administração dos fundos. Filtrei os dados para manter apenas fundos de renda fixa que têm histórico entre 2006 e 2018, e que não objetivam exclusivamente a compra de crédito privado, os quais investem na parte mais arriscada do mercado de renda fixa e não são comparáveis aos demais investimentos conservadores deste mercado.

---

[2] http://dados.gov.br/dataset/fi-doc-inf_diario

5.2. O DESEMPENHO DOS FUNDOS DE RENDA FIXA

O exercício proposto aqui é simular o investimento de R$ 1.000 em 2006 com resgate em 2018 para cada fundo da base de dados, a poupança, três típicos CDBs com 100%, 110% e 120% do CDI e o *Tesouro IPCA+ 2024*. Os valores resgatáveis em cada data representam o quanto o investidor efetivamente levaria para si. Todos os custos relativos a cada investimento, tal como custódia do Tesouro Direto, Imposto de Renda de ganho de capital, come-cotas e taxas de administração de fundos foram inclusos na análise. Na Figura 5.1 apresento os valores resgatáveis para cada alternativa de investimento. A figura apresentada aqui possui diversos detalhes em cores. Caso esteja lendo o livro impresso em preto e branco, possivelmente tenhas dificuldade em diferenciar as linhas.

Os resultados em 5.1 são claros. O investimento em fundos de renda fixa apresenta-se como um péssimo negócio para o investidor de longo prazo. Note como um simples CDB a 100% do CDI consegue atingir uma performance maior que a grande maioria dos fundos. Note também que nenhum dos 10 maiores fundos por número de cotistas conseguiu obter retorno maior que o CDB a 100% do CDI. Indo além, seis dos 10 maiores fundos não conseguem nem bater a caderneta de poupança! O vencedor em termos de performance foi o *Tesouro IPCA+ 2024*. Este conseguiu bater 99% dos fundos.

Uma possível crítica à análise anterior é que a mesma focou no longo prazo, em um período onde os juros de mercado caíram fortemente, favorecendo o título do Tesouro Direto. Também é possível argumentar que os fundos são mais eficientes no curto prazo em remunerar os cotistas.

Como um teste de robustez, simulou-se também a compra e resgate do investimento a cada ano, incluindo os fundos. A seguir, na Figura 5.2, mostro a proporção de fundos que tiveram retornos acumulados anuais **menores** que os investimentos em comparação.

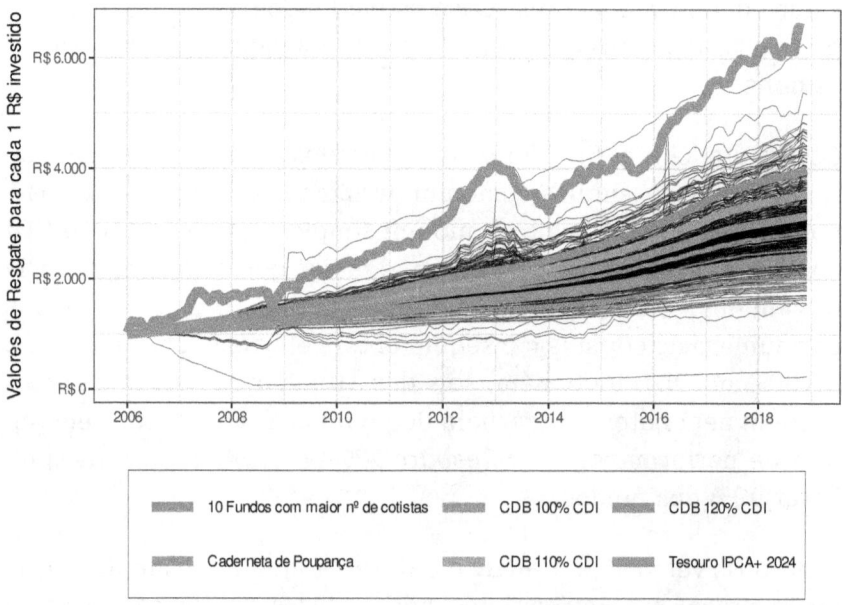

Figura 5.1: Performance de Fundos, CDI e Tesouro Direto

5.2. O DESEMPENHO DOS FUNDOS DE RENDA FIXA

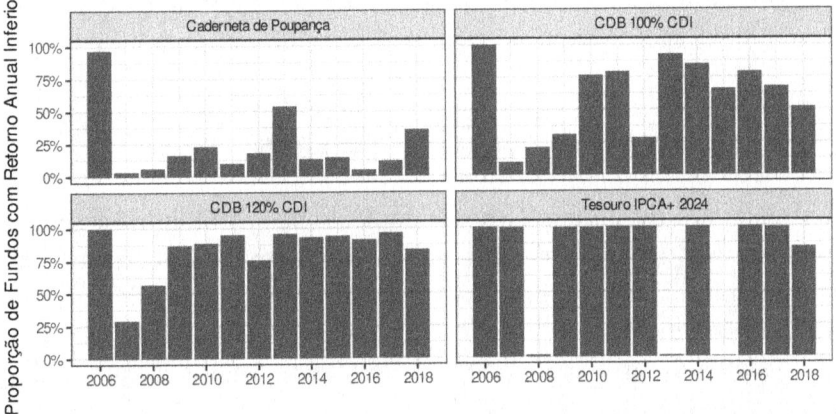

Figura 5.2: Performance de Fundos, CDI e Tesouro Direto

A poupança foi a que apresentou percentuais menores. Isso indica que, no curto prazo e em agregado, fundos de renda fixa ainda são melhores que o aporte na poupança. Para o produto bancário CDB e Tesouro, vemos claramente que esses obtiveram retornos superiores aos fundos de renda fixa na grande maioria dos anos. Note que para alguns anos o Tesouro IPCA+ 2024 obteve retornos inferiores aos fundos. Isso é o resultado da marcação a mercado e da queda do preço do título de dívida nos anos de 2008, 2013 e 2015 (veja a Figura 5.1). Saliento, porém, que os preços logo voltaram a subir e compensaram o temporário prejuízo.

A explicação para os resultados obtidos é simples. Manter dinheiro investido em fundos de renda fixa custa caro. A cada seis meses paga-se o come-cota. Anualmente é cobrada a taxa de administração do gestor. Esses gastos frequentes por parte do investidor diminuem o montante aplicado e, pouco a pouco, prejudicam o processo dos juros compostos. A única possível razão para investir em fundos de renda fixa é se o gestor do fundo atingisse retornos indisponíveis em outros instrumentos e, com isso, compensasse os custos de manutenção. Claramente, este não é o caso para o mercado brasileiro de fundos de renda fixa.

5.3 Considerações Finais

A mensagem e a sugestão neste capítulo são diretas: **não existe evidência que suporte a decisão de investir em fundos de renda fixa**. Caso você tenha cotas de fundos, considere desfazer o investimento e realocar o dinheiro. Os dados mostram que não existe comprovação empírica de que os fundos de renda fixa criam riqueza para o investidor no longo prazo. Pelo contrário, os resultados indicam que a maioria dos fundos mais populares não consegue nem bater a poupança. Se você trabalha com tanto afinco para ganhar seu dinheiro, seja coerente e cuide bem dele. Seu futuro patrimônio agradecerá.

Capítulo 6

Debêntures

Quando uma empresa necessita de capital para expandir ou manter seu negócio funcionando, uma das maneiras de levantar recursos é emitir um contrato de dívida. A empresa busca financiamento diretamente com uma instituição bancária ou então no mercado financeiro, através da emissão das chamadas debêntures, contratos de dívidas de longo prazo. Nem todas as empresas podem emitir debêntures. A emissão deste contrato financeiro é restrita a sociedades anônimas e, no caso de emissões para o público investidor, é necessário que a empresa tenha ações negociadas em bolsa.

O grande atrativo das debêntures para o investidor de renda fixa são suas maiores remunerações em relação aos CDBs, fundos e Tesouro Direto. O risco, porém, é alto. As debêntures não possuem garantia do FGC e a possibilidade de calote não é desprezível. **O maior desafio em investir em debêntures é entender o risco de calote do emissor**, ou seja, analisar a saúde financeira de uma empresa.

Além da complexidade da tarefa, não existe garantia alguma. Uma empresa saudável hoje pode ter problemas financeiros em um ou mais anos. Diferentemente de uma dívida pública, se uma empresa estiver em maus lençóis, o caminho mais comum é a declaração de falência, venda de ativos e renegociação das dívidas. Ou seja, o debenturista é sempre lesado de alguma forma caso a empresa não consiga honrar seus compromissos.

Antes de começarmos, saiba que investir e estudar debêntures dá trabalho e não tem nada de glamoroso. Não recomendo que invista nessa classe de ativos se você não tem interesse em aprender mais sobre avaliação de empresas. Não há nada de errado em focar em classes de ativos da renda fixa mais conservadoras e que exigem menos trabalho, tal como Tesouro Direto.

Indo além, caso você siga as recomendações de alocação do capítulo 7, reservará uma pequena proporção do total investido nesta classe de ativos mais arriscados. O maior retorno anual das debêntures será para um valor pequeno. Portanto, ao analisar o portfólio como um todo, a diferença de retorno em valores monetários é baixa e não compensa o tempo de estudo. Seria muito mais inteligente utilizar esse tempo para estudar e melhorar em algo relacionado ao seu trabalho.

Agora, caso você tenha interesse em entender melhor como se avalia uma empresa financeiramente, continue a leitura. Esse pode ser o seu primeiro passo de estudo para uma entrada futura na renda variável, onde a análise financeira de empresas e fundos imobiliários é rotineira.

6.1 Estrutura de uma Debênture

Em termos de estrutura de pagamentos, uma debênture é equivalente a um CDB ou título do Tesouro Direto. Existem debêntures prefixadas e pós-fixadas, indexadas ao CDI ou IPCA e com ou sem o pagamento de cupons periódicos. O Imposto de Renda é cobrado de forma equivalente ao Tesouro Direto, apenas na venda/expiração e no pagamento de cupons.

6.1. ESTRUTURA DE UMA DEBÊNTURE

Além disso, algumas debêntures podem ser lastreadas em garantias reais tal como um imóvel ou ter condições específicas de atuação, os chamados *covenants*. Esses definem condições que a empresa deve manter durante sua dívida, tal como um limite para endividamento futuro. Outras são conversíveis em ações[1] da empresa, isto é, o debenturista tem a opção de, no futuro, converter uma debênture em uma ação caso assim o quiser.

A compra de uma debênture pelo investidor pessoa física pode se dar no momento da sua emissão no mercado primário, isto é, quando a empresa primeiro coloca a dívida no mercado. Por exemplo, em janeiro de 2019 a Petrobrás anunciou ao mercado a emissão de debêntures no valor total de R$ 3 bilhões em três séries diferentes. O recurso arrecadado será utilizado exclusivamente para o *Programa de Exploração e Desenvolvimento da Produção de Campos da Cessão Onerosa*. O valor unitário de emissão de cada debênture será de R$ 1.000. Um investidor que tivesse interesse em participar da emissão deveria contatar a sua corretora e verificar os passos para a compra dos títulos. Note que algumas corretoras possibilitam a participação de emissões primárias de debêntures via *home broker*.

Após o processo de emissão da dívida no mercado primário, ela passa a fazer parte do mercado secundário. É nesse mercado onde as pessoas podem comprar e vender títulos de dívida. Assim como no Tesouro Direto, os preços das debêntures terão marcação a mercado. Diferente do Tesouro, porém, a liquidez do mercado secundário de debêntures é bastante baixa. Caso o investidor compre uma debênture hoje e tente vender daqui a alguns meses, provavelmente terá grandes dificuldades em encontrar um comprador. Devido a estes fatores, **a melhor maneira de investir em debêntures é no longo prazo, resgatando apenas na data de vencimento.**

---

[1]Ações são contratos financeiros onde o comprador vira sócio da empresa e tem direito a uma parcela do lucro.

A atratividade das debêntures como investimento encontra-se em suas maiores rentabilidades. Logo veremos que são os maiores retornos disponíveis no mercado de renda fixa. Isso não é acidental, afinal, quem tomaria mais risco sem esperar maior retorno? Ninguém. Arrisco dizer que as debêntures são o ponto de intersecção entre os mercados de renda fixa e variável.

6.2 Avaliando uma Debênture

Avaliar uma debênture é avaliar a capacidade de uma empresa na geração de fluxo de caixa suficiente para cobrir as dívidas em suas operações. Ao contrário do Tesouro Direto e produtos bancários, o risco de calote é relevante na grande maioria dos casos. Não é difícil encontrar empresas negociadas em bolsa que possuem dificuldades em bancar suas dívidas atuais e, mesmo assim, continuam emitindo debêntures.

A análise do risco de calote de uma empresa é realizada através da observação e análise de seus documentos financeiros. Toda empresa negociada em bolsa tem a obrigação de, a cada trimestre, divulgar ao mercado seus balanços contábeis que mostrarão, entre outras coisas, o total de sua receita, seus gastos operacionais e com juros e, por fim, o seu lucro no período. É pela ponderação dos diferentes fluxos financeiros que se busca entender a capacidade da empresa em pagar suas dívidas.

A intuição por trás da análise histórica dos relatórios financeiros é entender o comportamento futuro. Uma empresa que nos anos anteriores não teve problema em gerar caixa em suas operações para pagar suas dívidas provavelmente também não terá problema no futuro. A existência de um grande valor no caixa da empresa, por exemplo, também indica que sua saúde financeira está boa. Mas saiba, porém, que até mesmo uma análise financeira correta do histórico das empresas pode resultar em problemas no longo prazo. Em debêntures (e renda variável), não existe garantia alguma de que as empresas continuarão saudáveis. Razão essa para cautela por parte do investidor.

6.2.1 O Contrato da Debênture

Antes de começar a avaliar a empresa, entenda perfeitamente os elementos do contrato da debênture.

O dinheiro da debênture será utilizado para que fim?

Atenção nesse ponto. Muitas empresas se utilizam de novas dívidas para pagar dívidas anteriores. É como se alguém pedisse empréstimo no banco para pagar o crédito rotativo do cartão. Isso nunca termina bem. Esse é o tipo de debênture para ficar longe. Foque em casos onde o capital é utilizado para consolidar projetos da empresa e aumentar suas receitas e lucros, seja a compra de novos negócios ou sua expansão produtiva e comercial.

Qual a forma de remuneração? Se pós-fixada, qual o indexador? Qual a data de vencimento? A debênture paga cupom? Caso sim, quais datas?

Você pode verificar essas informações e entender se as datas e a forma de remuneração se encaixam em seu plano de investimento, tratado no próximo capítulo. Todas as informações a respeito da debênture encontram-se na internet.

Qual o tipo de garantia?

O caso mais popular é o de garantias quirografárias, o que significa garantia nenhuma. No caso de falência da empresa, os debenturistas serão tratados de acordo com a legislação vigente. Outro tipo é a garantia subordinada. Essa dá preferência para o debenturista no caso de falência. Por fim, as mais incomuns são as de garantias reais, onde a dívida é lastreada em um ativo ou propriedade, seja um terreno, imóvel ou outro tipo. Se o calote ocorrer, este ativo de lastro é liquidado e o recurso é utilizado para pagar os debenturistas.

É conversível em ações?

Em alguns casos a empresa oferece um contrato de dívida onde existe a possibilidade de as debêntures serem convertidas em ações da empresa. Esse tipo de emissão também é raro. Caso não seja de interesse do investidor ser sócio da empresa através das ações, é melhor ficar longe desse tipo de debênture.

As informações sobre cada debênture estão disponíveis no site da B3, seção debêntures. Lá você pode filtrar pelo nome da empresa emissora. Caso queira ir mais além, leia a escritura oficial da emissão disponível na B3 ou no site www.debentures.com.br.

O jargão jurídico é abusado na escritura, tornando a leitura bastante entediante. Mas, se tiver paciência e souber onde procurar, você terá todas as informações detalhadas sobre a estrutura de pagamentos do contrato financeiro. Outra fonte interessante de informações é o documento de anúncio da debênture, um sumário executivo da escritura. Nesse você irá encontrar todos os pontos principais a respeito da emissão. O anúncio pode ser facilmente encontrado em sites de pesquisa na internet ou no site da empresa emissora. Caso a debênture agrade em todos os elementos anteriores e seja interessante no seu plano financeiro (veja capítulo 7.5), parte-se para a próxima etapa, a análise da empresa.

6.2.2 Analisando a Empresa

O primeiro passo para entender uma empresa é criar intimidade com ela. Você manterá o capital investido por um longo tempo e por isso é importante saber onde está colocando o seu suado dinheiro. Qual é o negócio e o setor de atividade da empresa? Qual seu diferencial frente às concorrentes? Quem é o seu controlador e tomador de decisões (acionista majoritário) e, principalmente, qual o seu risco de mercado? Lembre-se que não deve investir em nada que não entende. Se não consegue enxergar quem é o dono da empresa e como esta ganha dinheiro, é melhor ficar de fora deste investimento.

6.2. AVALIANDO UMA DEBÊNTURE

Felizmente, debêntures ofertadas ao público só podem ser emitidas por empresas com ações na bolsa de valores, as quais são registradas e orientadas a fornecer diversas informações sobre suas atividades para o público em geral. Estas informações ficam registradas e são atualizadas em três diferentes sistemas da B3, o FRE (formulário de referência), o DFP (demonstrações financeiras padronizadas) e o FCA (formulário de cadastro). O acesso aos sistemas é dado pelo site da B3. Lá você pode procurar pelo nome da empresa emissora da debênture em questão e acessar seus registros.

Por exemplo, a descrição das atividades da empresa está disponível na tabela 7.1 do FRE. Lá há um texto claro sobre os negócios da empresa e como a mesma ganha dinheiro. Na tabela 4.1 você encontrará os fatores de risco da empresa. Todas as informações estão mastigadas e prontas para o investidor analisar. A estrutura societária da empresa está disponível na tabela 15.1. Neste mesmo tema, você pode acessar o site da empresa em questão e procurar pela seção de RI (relações com investidores). Nesta você encontrará um material divulgado pela empresa ao público investidor que tende a ser menos denso, mas igualmente importante.

A cada trimestre as empresas negociadas em bolsa informam seus resultados financeiros nos sistemas da B3. Estes vêm acompanhados de um release em formato *pdf* explicando os resultados em cada rubrica (conta) dos demonstrativos financeiros. Em meados de fevereiro, após o último trimestre do ano (4T), o balanço do ano anterior é divulgado. Este contém um informativo sobre o desempenho da empresa no ano que já passou, além de diversas outras informações que ajudam a entender como a empresa ganha dinheiro. Muitas empresas também divulgam no release o perfil de seu endividamento corrente de forma detalhada, informação valiosa para um potencial debenturista.

É imprescindível que leia e entenda as informações das tabelas 7.1, 4.1 e 15.1 do FRE, além do último relatório anual (release) divulgado pela empresa. Como falei antes, é bastante estudo. Esse é o custo de participar de um mercado mais arriscado, onde um erro custa caro. Após a leitura desses documentos, caso você esteja confortável na compra da dívida da empresa, parta para a próxima etapa, a análise dos demonstrativos financeiros.

6.2.3 Analisando os Demonstrativos Financeiros

A análise financeira proposta aqui é bastante simples e direta. Iremos utilizar três índices financeiros que indicarão a capacidade da empresa no pagamento de suas dívidas. O primeiro é o **Índice de Endividamento Geral (IEG)**, o qual mostra a proporção do total de dívida da empresa em relação ao seu valor contábil.

No balanço patrimonial da empresa[2], lado do passivo, buscamos três contas individuais: passivo circulante (dívidas de curto prazo), passivo não circulante (dívida de longo prazo) e passivo total (valor contábil total da empresa). O índice de endividamento geral é calculado da seguinte forma:

$$IEG = \frac{\text{Passivo Circulante} + \text{Passivo Não Circulante}}{\text{Ativo Total}}$$

O valor do IEG é uma proporção. Se a empresa for altamente endividada, com um valor de IEG maior que 80%, uma certa precaução e uma análise mais aprofundada são necessárias.

A análise do IEG depende também do setor. Por exemplo, o setor elétrico é conhecido por ter empresas com alto grau de endividamento. Isso acontece porque existe uma certa estabilidade do faturamento no setor e as empresas têm facilidade em gerar fluxo de caixa contínuo devido à forte demanda de seus produtos. Por

---

[2]Aqui iremos abusar de termos contábeis para realizar as análises. Caso você não esteja familiarizado com os termos, busque um material de apoio na internet ou um livro sobre contabilidade básica.

6.2. AVALIANDO UMA DEBÊNTURE

exemplo, no subsetor de distribuição de energia elétrica, a renda anual da empresa é perfeitamente previsível, pois é definida em contratos de longo prazo, os chamados RAP (renda anual programada). Portanto, um *IEG* maior que 80% para uma empresa de distribuição elétrica não é necessariamente ruim.

O segundo índice é o de **composição do endividamento (CE)**. Saiba que as dívidas das empresas são classificadas de acordo com o prazo de vencimento. Se for menor que um ano, é dívida de curto prazo e localizada no passivo circulante. Se a data de expiração for maior do que um ano, o valor da dívida irá para o passivo não circulante. A grande diferença aqui é que dívidas de curto prazo demandam capital rápido para serem ressarcidas. Podemos ter uma ideia de quão pressionada a empresa está para levantar capital ao analisar a composição desse endividamento. A fórmula para o *CE* é dada a seguir.

$$CE = \frac{\text{Passivo Circulante}}{\text{Passivo Circulante + Passivo Não Circulante}}$$

Um índice de *CE* maior que 50% deve chamar a atenção. Isso indica que a empresa pode estar pressionada a obter capital no curto prazo. Em termos de saúde financeira, é melhor a empresa se financiar via capital de longo prazo. Assim ela terá mais tempo e menos pressão para gerar o capital em suas atividades, e pagar suas dívidas. Fique atento a empresas que lançam debêntures e estão pressionadas a pagar suas dívidas de curto prazo. Possivelmente a razão para o lançamento das novas dívidas é simplesmente pagar dívidas antigas. Como já foi colocado anteriormente, a sugestão é ficar longe desse tipo de debênture onde o capital não é alocado em uma atividade produtiva.

O terceiro indicador de saúde financeira é o **Índice de Cobertura de Juros (ICJ)**. Note que o *IEG* e o *CE* apenas comparam o montante de dívidas e seu prazo em relação ao valor contábil total da empresa. Uma análise completa deve levar em conta, também, a quantidade de recursos que a empresa gera em suas operações e os juros pagos. Essa é a vantagem do Índice de Cobertura de Juros, sem dúvida o mais completo entre os três. Este compara a relação entre o resultado operacional da empresa – Laji (lucro antes dos juros e impostos) – e o juros pagos da dívida. Sua fórmula é definida a seguir:

$$ICJ = \frac{LAJI}{\text{Despesas Financeiras}}$$

O *ICJ* mostra qual a capacidade da empresa em pagar suas dívidas a partir do seu resultado operacional. Um valor saudável de *ICJ* é acima de dois, isto é, a empresa consegue gerar operacionalmente mais que duas vezes as despesas financeiras com juros. Não são incomuns casos de empresas que apresentam *IEG* e *ICJ* altos, isto é, são altamente alavancadas, pagam altos valores de juros, porém conseguem gerar capital suficiente em suas operações com folga.

Aqui um ponto importante. **Os índices apresentados anteriormente não são infalíveis – ou mágicos – e devem ser analisados no contexto da empresa**. A análise financeira de empresas é muito mais complexa do que verificar se índices contábeis estão acima ou abaixo de um determinado valor. Esses não devem ser a base única para a sua decisão. Se ficar em dúvida, use o bom senso e estude mais a empresa. A proposta de análise colocada aqui é para evitar a compra de debêntures de empresas que estão praticamente falidas e possivelmente irão dar calote no futuro.

6.3 O Caso da AES Tietê Energia

Vamos agora estudar um caso específico de uma debênture real do mercado. A AES Tietê Energia é uma empresa de produção e comercialização de energia elétrica, envolvendo fontes hídricas, eólicas e solares. O setor de geração de energia elétrica é altamente regulado, com um número baixo de concorrentes diretos.

6.3. O CASO DA AES TIETÊ ENERGIA

A demanda por energia elétrica, porém, tende a ser bastante previsível e isso acaba aumentando a capacidade de as empresas do setor tomarem e pagarem suas dívidas.

Analisando a tabela 4.1 do FRE, nota-se que os fatores de risco da AES Tietê Energia são variados, indo desde riscos operacionais na geração da energia até riscos econômicos na demanda de seus produtos. Devido à forte regulação do setor, riscos legais fazem parte do dia a dia da empresa.

Em 15/12/2015 a AES Tietê Energia anunciou a sua quarta emissão de debêntures, a qual teve três séries diferentes. Todos os contratos são negociados no mercado secundário e podem ser comprados na data atual pelo investidor. A terceira emissão de debêntures é identificada pelo código TIET-DEB43 e ISIN[3] equivalente a BRTIETDBS044. O valor total das três séries de debêntures somam R$ 594.000.000 e será utilizado para o custeio de despesas relacionadas à melhoria e modernização de suas usinas hidrelétricas. Veja o anúncio do prospecto neste link. Os contratos da terceira série da dívida vencem na data 15/12/2020, terão atualização monetária pelo índice IPCA e pagarão juros semestrais equivalentes a 8,43% ao ano, sempre nos meses de junho e dezembro.

Agora que já entendemos um pouco sobre o setor da empresa e a estrutura das debêntures, vamos assumir que estes agradam ao investidor e partir para a próxima etapa: analisar os balanços da empresa.

O primeiro passo é abrir o DRE (demonstrativo de resultados) consolidado da empresa no sistema DFP da B3. Para isto, procure a página da empresa na B3 (link aqui) e clique em *Relatórios Estruturados*. Depois disso vá em *Demonstrações Financeiras Padronizadas – DFP*. Uma janela abrirá e mostrará os documentos

---

[3]Número de série internacional (*International Securities Identification Number*) para contratos financeiros. É um código global único para cada emissão no mercado financeiro.

financeiros auditados da empresa. Ali iremos procurar as seguintes contas nos *DFs Consolidados* para calcular os índices:

- Passivo Circulante (Balanço Patrimonial Passivo – item 2.01)
- Passivo Não Circulante (Balanço Patrimonial Passivo – item 2.02)
- Passivo Total (Balanço Patrimonial Passivo – item 2)
- Ebit (Demonstração de Resultados – item 3.05)
- Despesas Financeiras (Demonstração de Resultados – item 3.06.02.01)

Cada uma dessas contas mostra fluxos financeiros (entradas e saídas) no regime de competência[4]. A partir dessas calculamos os índices citados anteriormente. O resultado é apresentado na Tabela 6.1.

Tabela 6.1: Índices de Endividamento para AES Tietê Energia

Ano	IEG	CE	ICJ
2016	0.62	0.33	2.8
2017	0.77	0.38	2.1
2018	0.80	0.24	1.7

Os dados do sistema DFP permitem uma análise para os três últimos anos da empresa. Primeiro notamos que a AES vem aumen-

---

[4]O regime de competência registra valores financeiros de receitas e gastos relativos ao período em questão, neste caso o ano, com a existência ou não do efetivo fluxo financeiro. Por exemplo, uma empresa que vende seus produtos com grandes prazos irá registrar as vendas no DRE do ano atual, apesar de receber o dinheiro apenas no ano seguinte. Para analisar fluxos reais de capital, utilizamos o regime de caixa em outro demonstrativo, o DFC (demonstrativo de fluxo de caixa).

tando o seu endividamento geral (*IEG*) desde 2016, atingindo o valor de 0.8 em 2018. Pelo baixo valor do Índice de Composição da Dívida (*CE*), vemos que a dívida da empresa é majoritariamente de longo prazo, o que é algo bom. A AES tem mais tempo e folga para pagar o principal das dívidas. Agora, analisando o Índice de Cobertura de Juros (*ICJ*), vemos a piora financeira da empresa. Em 2016 o Ebit cobria aproximadamente três vezes os juros. No último ano, em 2018, o resultado operacional da empresa é aproximadamente 1,6 vezes os juros.

A decisão agora é: dadas as informações sobre o endividamento da empresa, vale a pena comprar a terceira série da quarta emissão de debêntures da AES Energia com vencimento em 2020? Na opinião do autor, **não**. A indexação pelo IPCA e o retorno pelos juros são atrativos, mas a situação financeira da empresa não é ideal. Atualmente o Ebit está muito próximo dos juros pagos, o que torna a empresa sensível a possíveis choques do mercado, diminuição da receita ou aumento dos custos.

A tendência de queda do ICJ mostra que a empresa está piorando os seus processos ao longo dos anos. Os custos operacionais estão crescendo e dominando o fluxo de caixa. Saliento que, por experiência, a inércia no mercado financeiro prevalece. Empresas com problemas tendem a continuar (ou aumentar) os seus problemas, assim como empresas boas tendem a continuar boas ou melhorar. Neste caso específico, na minha opinião, a remuneração da debênture simplesmente não compensa o risco. Saliento que essa posição é pessoal e subjetiva. É possível que você tenha outra opinião e isso não necessariamente está errado.

6.4 Considerações Finais

O mercado de debêntures é, sem dúvida, o mais arriscado da renda fixa. Ao comprar dívidas de empresas, o investidor fica próximo do mercado de renda variável, onde o estudo e o acompanhamento dos demonstrativos das empresas são necessários. Se for investir em debêntures, programe-se para segurar a dívida até o vencimento e faça controle de riscos. Reserve uma pequena parcela do seu capital total para debêntures, não mais que 15%. Você também deve diversificar o risco de mercado pela compra de diversas debêntures, de empresas, setores e prazos diferentes. Assegure-se de que cada debênture comprada não some mais do que 5% do patrimônio total. Assim, se uma debênture der calote, afetará uma pequena porção dos seus investimentos. Nesse caso, os juros e os novos aportes do seu trabalho podem facilmente compensar o prejuízo obtido.

Capítulo 7

A Prática de Investir

Nos capítulos anteriores estudamos os principais tipos de investimento disponíveis no mercado de renda fixa para a pessoa física. Agora é hora de utilizar o conhecimento adquirido para montar e operacionalizar uma carteira de investimento. Verás que o processo é muito simples, rotineiro, pode ser facilmente realizado pela internet e em menos de 5 minutos. Depois de internalizado, irás realizar o processo de investimento quase que automaticamente.

7.1 Salário e Investimento

Uma mensagem recorrente dos capítulos anteriores é que o investimento deve ser feito para o longo prazo e de forma contínua. Deves separar a cada salário mensal um valor a ser investido. Note que, para isso, necessariamente deves ter uma atividade profissional assalariada. Deixo claro que não é necessário ter um salário alto. Qualquer pessoa pode investir, para qualquer nível de rendimento mensal. O valor mínimo de aporte é menos de R$ 100 para a grande maioria dos instrumentos financeiros. O importante aqui é focar no longo prazo, ter a cabeça de investidor e ser consistente nos aportes.

Caso não consigas poupar uma parte do salário, é imprescindível que reorganize o seu orçamento doméstico. Nesse caso, é mais fácil cortar gastos do que aumentar a renda. Veja onde estás gastando e quando. Se não tens um registro dos gastos, procure usar mais o cartão de débito/crédito pois cada valor é registrado e pode ser verificado no site do banco. Se facilitar, monte uma planilha e separe os gastos entre fixos, aqueles que não podes cortar (tal como o aluguel e energia elétrica), e gastos variáveis, os quais podem ser cortados ou minimizados.

Reforçando a mensagem do capítulo 1, tenha bom senso nos cortes do orçamento e não abra mão daquilo que lhe faz feliz. Por exemplo, se gostas de jantar fora, se comprometa a jantar fora menos vezes durante o mês. Lhe garanto que irá até apreciar ainda mais a experiência. Se gostas de esporte, não mexa nessa parte do orçamento e busque cortar em outra que talvez não lhe dê tanta satisfação tal como, por exemplo, o plano de TV por assinatura.

Após reorganizar seu orçamento doméstico, defina como objetivo investir no mínimo 10% da sua renda líquida mensal. Vá aumentando essa proporção até atingir uma percentagem que seja razoável para você. Obviamente quanto maior a proporção do salário investido, melhor. Porém, lembre-se que a ideia não é abrir mão do que goste. De nada adianta chegar mais cedo em um objetivo financeiro se estás vivendo mal durante todo o tempo.

Entenda essa proporção mais como uma meta do que um valor escrito em pedra. Não fique preso a ideia de guardar X% do seu salário. Caso queira gastar um pouco mais e poupar um pouco menos em determinado mês, não fique aflito ou ansioso por isso. Podes buscar compensar no próximo mês. Novamente, o propósito de investir é ter mais tranquilidade e não aflição. Lembre-se que o importante é o ato de investir de forma consistente ao longo de vários anos, e não manter uma taxa constante de poupança.

7.2 A Corretora

Após organizar as suas finanças e reservar um valor para investimento, deves ter registro e acesso a uma corretora ou banco autorizado para intermediar as suas operações no mercado de renda fixa. Em termos gerais, a corretora ou banco irá prover os sistemas que ligarão a sua ordem de compra ao mercado financeiro Brasileiro.

Caso sejas correntista de um dos grandes bancos operantes no Brasil, provavelmente já tens acesso ao *home broker*, basta procurar no site do banco. Aqui sugiro fortemente o cadastro junto a uma corretora. A razão é simples, as corretoras tendem a fornecer um serviço mais completo e mais barato ao investidor da renda fixa. Por exemplo, os bancos restringem a oferta de CDBs do próprio banco, além de terem custos operacionais maiores. Ao mesmo tempo, a grande maioria das corretoras não cobram taxas no Tesouro Direto. Ou seja, ao investir pelo banco, possivelmente pagará mais por um serviço pior.

7.2.1 Escolhendo a Corretora

Uma corretora funciona de forma semelhante a um banco. Terás um cadastro com agência e número de conta, para onde podes enviar dinheiro via depósito bancário. A própria bolsa brasileira, a B3, oferece uma lista de corretoras disponíveis na seguinte página[1]. Cada corretora possui custos e sistemas de operação (*home broker*) diferentes. Indo além, no site do Tesouro Direto é possível ver uma tabela com diversas corretoras que dão acesso a compra de títulos da dívida pública.

---

[1] https://www.b3.com.br/pt_br/produtos-e-servicos/participantes/busca-de-participantes/participantes/

Abra o link da B3 e pesquise sobre cada corretora. Deves se atentar aos seguintes pontos:

Taxas do tesouro direto: Essa é a taxa que pagarás anualmente para manter títulos do tesouro em seu investimento. É um valor percentual, cobrado sobre o valor do investimento em tesouro direto. Quanto menor, melhor. Várias corretoras possuem taxa zero, ou seja, não cobram por este serviço.

Prazo de repasse de recursos: É o tempo necessário para que a corretora repasse recursos no caso de venda dos títulos do Tesouro. Procure uma corretora com prazo de repasse D+0, isto é, no mesmo dia, ou, no máximo, D+1. Evite qualquer corretora com prazo de resgate em D+2 ou mais.

Histórico de ideonidade: Procure uma corretora com histórico positivo no mercado, no mínimo dois anos de atividades e sem muita reclamação de investidores. Podes procurar atuais reclamações de clientes em sites independentes tal como o Reclame Aqui.[2]

Após escolher a corretora ou banco, faça o cadastro online e envie a documentação necessária. Depois de aprovado o cadastro, terás em mãos um código de conta para realizar a transferência do dinheiro para o investimento. Isso pode ser feito via TED (transferência eletrônica disponível), PIX (Pagamento Instantâneo Brasileiro) ou DOC (documento de ordem de crédito). Caso possível, dê preferência ao TED ou PIX pois a compensação financeira é muito rápida. Após realizar a transferência, em poucos minutos o dinheiro já estará disponível na corretora.

7.2.1.1 Cuidados com a Corretora

Uma pergunta frequente sobre as corretoras é: **se a corretora falir, eu perco meu dinheiro?**

---

[2]https://www.reclameaqui.com.br/

7.2. A CORRETORA

Não. A corretora é apenas uma intermediária no processo. O registro da titularidade dos títulos fica guardado de forma segura na B3. Caso uma corretora falir, basta transferir a custódia dos títulos para outra corretora. Como regra, o registro de investimentos em sua titularidade está blindado a uma possível falência do intermediário. Note que a mudança de corretora também é fácil de fazer, basta entrar com um pedido de troca de custódia.

Muitos dos problemas com corretores ocorrem devido a informações erradas nos seus sistemas. Aqui é importante o papel do CEI - Canal Eletrônico do Investidor[3], sistema oferecido pela B3 onde é possível acessar o registro **oficial** de todos os seus investimentos.

No CEI é possível verificar todos os títulos financeiros atualmente disponíveis em seu nome e cpf, seja na B3 (Tesouro Direto) ou na CETIP (CDBs, LCA, etc). Para acessar, basta visitar https://www.investidor.b3.com.br/area-do-investidor e cadastrar o seu perfil. Destaco, porém, que o registro em caso de compra não é instantâneo, acontece em D+3. Caso comprar algum título e não aparecer o registro no mesmo dia, espere alguns dias e verifique novamente.

Vale apontar que casos de má atuação de corretoras são raros. Por razões óbvias, não é comum as corretoras prejudicarem os seus clientes. Reputação e ideonidade são extremamente importantes no mercado financeiro. Vale lembrar que existe todo um aparato legal e institucional por parte da CVM (Comissão de Valores Mobiliários) e do BCB (Banco Central do Brasil) que protegem o investidor. Portanto, a preocupação do investidor iniciante sobre a corretora ou outro intermediário não é justificável. Apenas evite corretoras com um histórico ruim ou pouquíssimo tempo de mercado e será improvável que tenhas algum tipo de problema no futuro.

---

[3]https://www.investidor.b3.com.br/area-do-investidor

7.3 Declaração e Pagamento de Impostos

Um lado positivo do investimento em renda fixa é que todos impostos por ganho de capital são retidos na fonte. Isto é, quando no resgate, vencimento ou pagamento de juros do título de dívida, a parte do imposto de renda sobre ganho de capital é retida automaticamente. No próprio extrato da corretora ou banco é possível ver o pagamento dos impostos. Na prática, isso significa que não precisas fazer nada em relação ao fisco, com exceção do registro do patrimônio investido e rendimentos recebidos em sua declaração anual do imposto de renda.

De acordo com a lei vigente, as principais condições para obrigatoriedade da declaração em 2019 são:

- recebeu rendimentos tributáveis, sujeitos ao ajuste na declaração, cuja soma anual foi superior a R$ 28.559,70;

- recebeu rendimentos isentos, não tributáveis ou tributados exclusivamente na fonte, cuja soma foi superior a R$ 40.000,00.

- teve a posse ou a propriedade, em 31 de dezembro do ano anterior, de bens ou direitos, inclusive terra nua, de valor total superior a R$ 300.000,00.

Aqueles que não se enquadrarem nas restrições acima, não tiverem atividades rurais e não tiverem operações de venda de ações, não necessitam informar o seu patrimônio ao fisco. Em caso de dúvida, veja a regra completa no site da Receita Federal.

Felizmente, a parte burocrática de registro dos valores iniciais e finais em cada conta é realizada pela corretora. Essas emitem um documento em *pdf* contendo os valores que necessitas inserir na declaração do imposto de renda. O trabalho necessário para o investidor é simplesmente copiar e colar os valores nos itens específicos, e escrever uma descrição do investimento tal como o tipo (CDB/LCA/Tesouro Prefixado) e o prazo. Por exemplo, para aplicações no mercado de renda fixa, deves preencher o item *Aplicação de renda fixa (CDB, RDB e outros)*, código 45. Os valores específicos de saldo inicial e final são disponibilizados pela corretora. Basta copiar e colar.

7.4 A Reserva de Emergência

Antes de começar a investir é necessário montar a sua reserva de emergência. Esse é um valor aplicado em um lugar acessível e fácil de sacar. O propósito da reserva não é retorno financeiro e sim proteção. O objetivo é lhe dar flexibilidade financeira para que não tenhas necessidade de resgatar os valores investidos no mercado. Reforço, novamente, que quanto mais tempo manter o capital investido, melhor. Faz sentido, portanto, que cries e mantenha uma reserva de capital em local de fácil acesso para possíveis emergências.

O valor exato para a reserva vai depender de quão incerta é sua vida financeira. Se trabalhas como autônomo, viajas muito e não tens previsão de quanto ou onde irás ganhar mensalmente nos próximos anos, deves ter uma reserva volumosa para fazer frente a essa incerteza e evitar saques nos investimentos. No outro extremo, se és funcionário público, mora em cidade pequena e viaja pouco, sua reserva pode ser de menor valor. De novo, cada um terá um nível confortável para a sua reserva de emergência. Minha sugestão, faça uma reserva entre 3 a 12 meses de gastos fixos mensais.

Devido ao seu particular objetivo, a reserva de emergência tem que ser aplicada em um investimento líquido e de baixo risco. Esse é o único caso que justifica o aporte em caderneta de poupança pois o acesso ao dinheiro é fácil e instantâneo. Outra possibilidade é a compra de *Tesouro SELIC*, o qual possui grande liquidez com resgate financeiro em D+1 e baixíssimo risco (veja seção 4.1.5). Na dúvida entre os dois, simplifique e fique com a poupança.

A reserva de emergência deve sempre estar com o saldo planejado. Caso eventualmente precisar utilizá-la, use os próximos aportes mensais para repor o valor gasto. Nunca sacrifique a reserva em prol de investimento. Lembre que essa é a proteção que tens para que não sejas forçado a resgatar os investimentos.

7.5 Montando a sua Carteira

Após montar a reserva de emergência, partimos para a parte de investimento. Antes, vamos recapitular o que aprendemos nos capítulos anteriores. Em primeiro lugar, os produtos bancários carecem de liquidez pois não permitem o resgate antecipado e não oferecem um retorno alto por isso. Alguns, inclusive, rendem menos que a caderneta de poupança. Por outro lado, **o investimento em Tesouro Direto tem alta liquidez e apresenta diversos títulos com grande rendimentos e longos prazos**. Os fundos de investimento representam o que há de pior no mercado. Alto custo e baixo retorno. As debêntures oferecem retornos altos, mas é um risco muito maior que para os demais instrumentos. Resumindo, os produtos bancários e os fundos de investimento são produtos inferiores ao Tesouro Direto pois tem mais custos, mais riscos e menos retorno. Para o investidor informado, qualquer alocação nesses instrumentos é infundada e ineficiente. Iremos, portanto, focar no Tesouro Direto, o qual satisfaz perfeitamente nossas necessidades de investimento para o longo prazo. Para aqueles com mais gosto pelo risco, temos as debêntures.

7.5. MONTANDO A SUA CARTEIRA

7.5.1 Plano Financeiro e Aporte

O grande guia da política de investimento em renda fixa será o seu plano financeiro de longo prazo. Pense no que pretendes gastar o seu dinheiro daqui a 3, 5 ou 10 anos. Podes marcar objetivos únicos ou múltiplos, tal como trocar de carro em 3 anos e comprar um apartamento em 10.

Esses planos são importantes pois lhe darão foco e irão **definir as possíveis datas de resgate do capital**. Lembre dos capítulos 4 e 6 que a melhor forma de operar na renda fixa é mantendo o título até o vencimento. Portanto, iremos utilizar o seu plano financeiro para escolher os melhores títulos para investir o capital. De posse das datas do plano financeiro e capital para alocar, comece sempre pelo objetivo mais próximo no tempo. Esse será o foco inicial.

Caso não tiver plano para o uso do dinheiro, ou seja, estás simplesmente guardando dinheiro para o futuro, sem prazo algum, procure os títulos que possuem a maior data de vencimento possível. Assim terás todo o benefício de prorrogação do imposto de renda.

O primeiro passo para montar a carteira é definir qual o percentual alocado a risco. Esse é o quanto da carteira pretendes colocar em investimentos mais arriscados tal como debêntures. Um investidor conservador pode, por exemplo, alocar 0% em risco. Outro mais arrojado pode colocar 15%. O aporte em cada tipo de investimento será uma função dos valores definidos como objetivos para cada segmento. Ressalto que a reserva de emergência é um capital a parte não é incluída nos cálculos.

Utilizando a data do objetivo financeiro mais próximo no tempo, identifique os títulos do tipo *Tesouro Selic*, *Tesouro Prefixado*, *Tesouro IPCA+* e, se aplicável, debêntures, que possuem datas de vencimento mais próximas e posteriores do momento que pretendes usar o capital. Caso o seu prazo para usar o dinheiro for longo, mais de 10 anos, atenha-se apenas ao tipo *Tesouro IPCA+*

com vencimento mais próximo da data de uso. A ideia é evitar ao máximo o giro da carteira e consequente pagamento de impostos. Note que exclui-se os títulos que pagam cupons pois estes não são recomendados ao investidor de longo prazo (veja seções 4.1.2 e 4.1.4).

Inicie o investimento pelo contrato menos arriscado, nesse caso o *Tesouro Selic*. A cada mês e cada aporte, vá alternando a compra entre os três (ou menos) títulos selecionados anteriormente, seguindo a ordem Selic -> Prefixado -> IPCA+. Aqueles que irão aportar com mais capital, uma alternativa equivalente é simplesmente dividir o dinheiro do aporte mensal igualmente entre os três tipos de investimentos.

Essa dinâmica irá balancear o portfolio entre os três tipos de investimentos. A meta é dividir o capital na mesma proporção para cada título e capturar os benefícios de cada título, porém sem concentração.

Aqui um ponto importante. A estratégia anterior é apenas uma sugestão e resulta em uma carteira onde o risco de marcação de mercado será uma função do tempo de vencimento dos títulos. Lembre-se que títulos mais longos possuem maior risco. Caso for mais avesso ao risco, aumente o aporte no *Tesouro Selic*, o qual é o menos arriscado. Podes fazer isso modificando a ordem de aporte. Em vez de fazer Selic -> Prefixado -> IPCA+, podes realizar o aporte na ordem Selic -> Prefixado -> Selic -> IPCA+, repetindo o *Tesouro Selic* a cada ciclo.

Destaco que, com o tempo, o Tesouro renova o estoque de títulos emitindo novos vencimentos. Dessa forma, a cada nova emissão deves repetir a regra apresentada anteriormente buscando, para cada tipo de título, os vencimentos mais próximos da data de uso do capital. No final vais terminar com vários títulos com vários vencimentos. Quando um título vencer, use o valor total de resgate e divida-o entre os ativos da carteira. Como estratégia de risco, evite sempre uma superalocação em um ativo individual.

7.5. MONTANDO A SUA CARTEIRA

Após isso, simplesmente repita o processo até atingir o valor do objetivo financeiro. Observe que as regras são simples e fáceis de seguir. Irá repetir o processo várias vezes. Quanto mais entediado ficar, melhor. O tédio e falta de emoção são sinais que estás fazendo correto. Enquanto o dinheiro trabalha para ti, podes focar em outras coisas tal como trabalho, família e esportes.

7.5.1.1 Um Exemplo de Operacionalização de Investimento

Vamos agora para um exemplo prático de montagem e alocação de capital. Assumindo a existência de uma reserva de emergência, o primeiro passo é definir as datas de uso do dinheiro. Vamos imaginar a seguinte situação:

Objetivo 1: Compra de carro no valor de R$ 60.000 em 01/01/2024.
Objetivo 2: Compra de casa por valor indefinido em 01/01/2030. Aqui iremos assumir que o montante é desconhecido e far-se-á o melhor possível para ter capital com este objetivo na data.

Atualmente, 22/03/2022, encontramos os seguintes títulos a disposição no Tesouro Direto.

Levando em conta os objetivos definidos anteriormente, os prazos mais próximos para cada tipo de título e excluindo os que pagam cupom são:

Objetivo 1 (01/01/2024): *Tesouro IPCA+ 2026, Tesouro Prefixado 2025 e Tesouro Selic 2025.*

Objetivo 2 (01/01/2032): *Tesouro IPCA+ 2035, Tesouro Prefixado 2029 e Tesouro Selic 2027.*

Agora, dado um capital disponível para aporte mensal no valor de R$ 1.000, iniciamos o investimento para o objetivo 1, o qual está

Título	Rentabilidade anual	Investimento mínimo	Preço Unitário	Vencimento
TESOURO PREFIXADO 2025	12,24%	R$ 36,28	R$ 725,60	01/01/2025
TESOURO PREFIXADO 2029	12,16%	R$ 32,23	R$ 460,46	01/01/2029
TESOURO PREFIXADO com juros semestrais 2033	12,22%	R$ 35,86	R$ 896,59	01/01/2033
TESOURO SELIC 2025	SELIC + 0,0500%	R$ 114,53	R$ 11.453,14	01/03/2025
TESOURO SELIC 2027	SELIC + 0,1737%	R$ 113,72	R$ 11.372,39	01/03/2027
TESOURO IPCA+ 2026	IPCA + 5,50%	R$ 30,48	R$ 3.048,37	15/08/2026
TESOURO IPCA+ 2035	IPCA + 5,75%	R$ 37,08	R$ 1.854,19	15/05/2035
TESOURO IPCA+ 2045	IPCA + 5,75%	R$ 31,85	R$ 1.061,75	15/05/2045
TESOURO IPCA+ com juros semestrais 2032	IPCA + 5,70%	R$ 39,71	R$ 3.971,56	15/08/2032
TESOURO IPCA+ com juros semestrais 2040	IPCA + 5,78%	R$ 39,80	R$ 3.980,06	15/08/2040
TESOURO IPCA+ com juros semestrais 2055	IPCA + 5,81%	R$ 40,52	R$ 4.052,69	15/05/2055

Figura 7.1: Investimentos Disponíveis no Tesouro Direto em 22/03/2022

7.5. MONTANDO A SUA CARTEIRA

mais próximo no tempo. O primeiro aporte será no título menos arriscado, *Tesouro Selic 2025*. O saldo financeiro após o primeiro aporte será:

Tesouro IPCA+ 2026: R$ 0

Tesouro Prefixado 2025: R$ 0

Tesouro Selic 2025: R$ 1.000

No próximo mês aporta-se em *Tesouro Prefixado 2025*. O resultado do saldo de aportes será:

Tesouro IPCA+ 2026: R$ 0

Tesouro Prefixado 2025: R$ 1.000

Tesouro Selic 2025: R$ 1.000

Após o terceiro aporte em *Tesouro IPCA+ 2026* e quarto aporte em *Tesouro Selic 2025*, reinicia-se o ciclo. O saldo financeiro neste ponto será de:

Tesouro IPCA+ 2026: R$ 1.000

Tesouro Prefixado 2025: R$ 1.000

Tesouro Selic 2025: R$ 2.000

A lógica de aportes deve ser seguida até o momento em que o valor financeiro for atingido no total do portfolio, neste caso R$ 60.000. Note que isso pode acontecer antes da data pré-definida. Após atingir o objetivo financeiro 1, parte-se para o próximo, a compra da casa em 2032. Note como o processo é simples de seguir e não precisas ficar tentando prever os melhores momentos de aportar o dinheiro. Reforçando, **o que realmente importa é a perenidade do investidor, sua capacidade de poupar e a consistência nos aportes mensais.**

Palavras Finais

Espero que você tenha gostado do material desse livro e absorvido as mensagens colocadas aqui. Espero também que, no momento em que terminar esta última seção, você prossiga a organizar suas finanças, realize o cadastro em uma corretora e inicie a sua vida como investidor. Você verá que o maior controle de suas finanças pode ser um ponto de inversão em sua trajetória pessoal.

Saber investir com tranquilidade é algo que você pode levar para o resto de sua vida. Um maior controle sobre sua vida financeira lhe dará liberdade para fazer mais atividades e aproveitar ainda mais as melhores partes do que a vida tem a lhe oferecer.

Saiba que os frutos do seu estudo demorarão a vir. Leva bastante tempo para um investimento maturar e realmente fazer a diferença no seu orçamento mensal. Durante todo esse tempo, você será tentado por diferentes *oportunidades* para gastar seu patrimônio. Confiar no processo e ter consistência é o que lhe fará ter sucesso como investidor. Quando for tentado pelos produtos do mundo moderno, releia o primeiro capítulo deste livro e tente entender se o produto desejado é realmente necessário.

Com tempo e experiência os conceitos repassados aqui serão absorvidos completamente. Após alguns meses como investidor você verá na prática que investir não é nada difícil, basta ter vontade de aprender. Converse e se comunique sobre o que aprendeu. Seja parte da mudança para desenvolver a educação financeira em nosso amado país. De grão em grão, em um esforço coletivo, certamente atingiremos o objetivo.

Indo além e pensando no longuíssimo prazo, não espere que as escolas ensinem finanças para os seus filhos. Eduque-os sobre a importância de pouparem uma parte de sua mesada e a participarem do mercado financeiro quando tiverem renda para tal. Esse simples movimento inicia uma bola de neve que não tem outro resultado senão a maior felicidade e tranquilidade das futuras gerações de sua família. A melhor herança que você pode passar para seus filhos e netos é uma educação financeira sólida com mentalidade de longo prazo.

Fiz a minha parte como autor e professor ao relatar nesse livro uma abordagem de investimentos realista e que prioriza o longo prazo de forma saudável. Agora é com você.

Bons investimentos.

Referências Bibliográficas

Burns, P. (2007). Random portfolios for performance measurement. In *Optimisation, Econometric and Financial Analysis*, pages 227–249. Springer.

Carhart, M. M. (1997). On persistence in mutual fund performance. *The Journal of finance*, 52(1):57–82.

Coffee Jr, J. C. (2009). What went wrong? an initial inquiry into the causes of the 2008 financial crisis. *Journal of Corporate Law Studies*, 9(1):1–22.

Fernandes Malaquias, R. and Eid Junior, W. (2013). Eficiência de mercado e desempenho de fundos multimercados. *Revista Brasileira de Finanças*, 11(1).

Fonseca, S. E., Fernandes, A. R., Cunha, C. L., and Iquiapaza, R. A. (2018). Fundos de investimento: Performance aplicando modelo carhart e análise envoltória de dados. *RAC-Revista de Administração Contemporânea*, 22(3).

Malkiel, B. G. (1995). Returns from investing in equity mutual funds 1971 to 1991. *The Journal of finance*, 50(2):549–572.

REFERÊNCIAS BIBLIOGRÁFICAS

Índice Remissivo

AES Tietê, 139
Agências de Rating, 81
Aplicação Mínima, 69
Aposentadoria, 24
Avaliação de Debêntures, 132

Caderneta de Poupança, 63
Calote Dívida Pública, 116
CDBs, 66
CDBs com Liquidez Diária, 66
CDI, 49, 51
CE Composição do Endividamento, 137
CMN, 50
Come-Cotas, 123
Conhecimento e Investimentos, 36
Corretora, 145
Crise Imobiliária de 2008, 81

Cupons, 45

Debêntures, 129
Declaração do imposto de renda, 148
Desempenho Fundos, 124
DFP, 135
Diferimento do Imposto, 54
Dívida Prefixada, 43
Dívida Pós-Fixada, 44

Estrutura de uma Dívida, 42

FCA, 135
FGC, 81, 84
FRE, 135
Fundos de Renda Fixa, 121

Histórico do FGC, 87

ICJ Índice de Cobertura de Juros, 138

ÍNDICE REMISSIVO

IEG Índice de Endividamento Geral, 136
Imposto sobre Ganho de Capital, 53
Impostos, 53
Impostos Tesouro Direto, 107
Inflação, 46
Investindo com Qualidade de Vida, 34
IOF, 53

Juros Compostos, 26

LCAs, 74
LCIs, 74
Liquidez, 69
Liquidez Tesouro Direto, 108

Marcação a Mercado, 109
Mercado Financeiro, 39

Operacionalização, 143
Orçamento Doméstico, 19

Performance Tesouro Direto, 118
Planos de Previdência, 78
Poupança e Investimentos, 19
Produtos Bancários, 62

Rating, 69

Regime de Metas da Inflação, 49
Renda fixa, 39
Renda Variável, 39
Rendas Ativa e Passiva, 25
Reserva de emergência, 149
Retorno Financeiro, 46
Retorno Nominal, 46
Retorno Real, 48
Reunião do Copom, 50
Riqueza, 32
Risco de Calote, 56
Risco de Liquidez, 58
Risco de Mercado, 58
Riscos na Renda Fixa, 56

Selic, 49

Tempo, Aporte e Retorno, 30
Tesouro Direto, 89
Tesouro IPCA+, 100
Tesouro IPCA+ com Juros Semestrais, 102
Tesouro Prefixado, 93
Tesouro Prefixado com Juros Semestrais, 98
Tesouro Selic, 104
Tipos de Dívidas, 44
Tributação Fundos de Renda Fixa, 123
Títulos de Capitalização, 65

Vencimento, 69

www.ingramcontent.com/pod-product-compliance
Lightning Source LLC
Chambersburg PA
CBHW032049150426
43194CB00006B/468